Le Mythe de Nzala Mpânda

L'imminence de l'avènement de la pensée solaire

Le Mythe de Nzala Mpânda

1

L'imminence de l'avènement de la pensée solaire

LE MYTHE DE NZALA MPANDA

L'Imminence de l'avènement de la prépondérance
de la pensée solaire

Par

KIATEZUA LUBANZADIO LUYALUKA,

PH.D. (HON.)

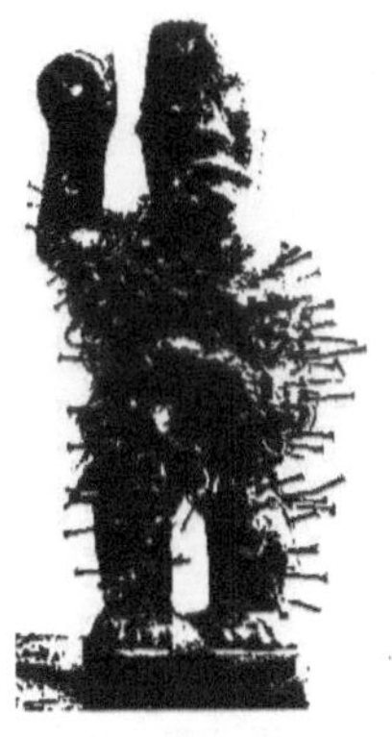

INSTITUT DES SCIENCES ANIMIQUES

KINSHASA

Dépôt légat : UT 301208-57198

Kinshasa 2012

Réalisé par les Editions Ntangu-i-Fueni

1   INTRODUCTION

La connaissance de son passé est un outil très précieux, il nous aide à comprendre d'où nous venons et aussi à nous préparer pour mieux affronter le futur. L'un des éléments essentiels au passé de l'homme négro-africain est l'histoire de sa spiritualité. Mais, l'étude de la spiritualité négro-africaine n'est pas complète sans une explicitation de la place du fétichisme. Car le petit mot « fétiche », apporté en Afrique par les marchands portugais, est aujourd'hui considéré, à tort, par beaucoup de chercheurs comme le qualificatif essentiel du culte rendu par les Africains à leur Dieu.[1]

Dans cet ouvrage, explicitant la différence entre la notion du *n'kisi* et celle du fétiche, je montre la genèse des *min'kisi*[2] humains et démoniaques, que je qualifie de fétiches, et je soutiens mon propos par une interprétation ethnolinguistique du mythe de Nzala Mpânda.

---

[1] Lire par exemple Erwan Dianteill, « Kongo à cuba transformations d'une religion africaine », in *Archives de Sciences sociales des religions*, 2002, (janvier-mars) pp. 59-80. Dans son article l'auteur parle de l'influence de la religion *kôngo* sur le culte de Palo Monte cubain, cependant il fait voir la religion *kôngo* comme étant essentiellement l'usage des fétiches.

[2] Pluriel de *n'kisi*.

Ce mythe, laissé à la nation *kôngo* par les ancêtres initiés, est un testament oral pour permettre à l'homme négro-africain de connaitre le but de l'introduction de fétiches et leur destinée, mais aussi pour l'aider à saisir la destiné imminente de sa civilisation qui est appelée à reprendre sa place en tant que porte étendard de la science et de la technologie.

Ce mythe est donc à ce titre un enseignement d'une portée immense car il prédit l'égarement actuel de la société négro-africaine, et sa destinée glorieuse certaine qui s'inscrit dans l'abandon de fétiches pour un ancrage de la pensée dans la haute spiritualité qui a fait la gloire de ses ancêtres depuis l'époque mémorable de l'ancienne Egypte, et ce pour un retour en force de la pensée solaire, la pensée chère à l'homme négro-africain.

2   LA NOTION DE *N'KISI*

Dans mon ouvrage intitulé *Vaincre la sorcellerie en Afrique*[3], j'ai montré qu'une campagne de diabolisation a marqué l'irruption de l'homme occidental dans le quotidien du Négro-africain. Cette campagne, due à l'ignorance et aux préjugés, a eu comme conséquence l'assimilation de la notion africaine du mystère (l'enseignement initiatique et le pouvoir qu'il confère) à la sorcellerie. Et cette fausse présupposition a toujours été depuis lors le schéma conducteur de toute recherche sur la sorcellerie en Afrique.

Mes recherches ont élucidé la différence qui existe entre la notion du mystère initiatique africain (appelé *kindoki* par les Besikôngo[4]) qui est un savoir qui confère un pouvoir destiné au progrès de la société, et celle de la sorcellerie qui, en réalité, n'est que l'usage négatif d'un pouvoir et/ou d'un savoir dans le seul but de voler, de détruire, ou de tuer.

La diabolisation de la notion du *kindoki*, le mystère négro-africain, a eu comme un de grands effets néfastes d'entrainement, la diabolisation de toutes les

---

[3] Kiatezua Lubanzadio Luyaluka, *Vaincre la sorcellerie en Afrique*, Paris : l'Harmattan, 2009.
[4] Peuple des tribus de l'ancien Royaume Kôngo ; peuples désignant le Dieu Très-haut par l'expression *Nzâmbi Ampungu, ou Nzâmbi Mpûngu*.

notions qui sont les satellites de celle du *kindoki,* le mystère initiatique. C'est ainsi que la notion du *n'kisi,* traduit faussement par fétiche depuis l'arrivée des Portugais en Afrique, a-t-elle été aussi totalement diabolisée. Il est donc impérieux de revisiter cette notion à la lumière de la culture profonde négro-africaine.

Dans le livre précité, j'ai donc montré que le *n'kisi* dans son essence pure désigne un pouvoir, un sens spirituel ou *éthérique* éveillé ou le secours des êtres spirituels. Le *n'kisi* peut avoir un symbole matériel, physique ou *éthérique*, et ce symbole est aussi appelé *n'kisi.*

Il est à noter que dans la terminologie *kôngo* le pouvoir spirituel est, soit le pouvoir de Dieu appelé *Mpêve y'anlôngo* (Esprit Saint), soit le pouvoir des *bisîmbi* (les êtres spirituels ; les anges). Les *bisîmbi* peuvent être des bons, c'est-à-dire imbus de la puissance divine, ou des mauvais, c'est-à-dire mus par le diable (*nkadi ampêmba*).

Nous savons par exemple que le terme *anlôngo* désigne ce qui est saint ou sacré.[5] Les jumeaux sont

---

[5] A la naissance des jumeaux la chanson suivante était utilisée :

Eh Nsimba Ye Nzuzi eh ;
Bana ban'longo (Enfants sacrés) ;
Ehe, Ehe.

perçus dans la nation *kôngo* comme *bana b'anlôngo* (les enfants saints ou sacrés). Or ces enfants viennent, selon les Besikôngo, du *nkita* (le *n'kisi* des eaux).[6] Ainsi les jumeaux, qui dans la croyance *kôngo* naissent avec un pouvoir *éthérique*, tirent leur puissance innée de bons *bisîmbi* des eaux, (quoiqu'ils ne conservent pas toujours la pureté de ce pouvoir en grandissant) leur pouvoir spirituel (*n'kisi*) est donc sacré et saint.

Un proverbe *kôngo* affirme : « *N'kêmbo an'kisi ngânga kimôya.* » (On ne jouit du pouvoir du *ngânga*, un prêtre ou un expert, que lorsqu'il est vivant avec nous, ou lorsqu'on a la foi qu'il est vivant dans l'au-delà.) Ce proverbe était utilisé par les initiés du Kimpasi[7] pour faire allusion à leur pouvoir spirituel. Il montre que le terme *n'kisi* ne se réfère pas toujours à quelque chose de démoniaque.

Un autre argument, qui va dans le sens de l'affirmation selon laquelle le terme *n'kisi* désigne essentiellement un pouvoir et que celui-ci n'est pas nécessairement péjoratif ou démoniaque, est que le mot *mpûngu* synonyme de *n'kisi* est resté lié au nom

---

Nsimba est le premier-né des jumeaux, Nzuzi est le puîné.
[6] Selon *le Dictionnaire kikongo-français* de Karl Laman.

[7] L'une des academies initatiques Kongo, les autres étant : le Lemba et le Kinkimba.

de Dieu dans l'expression *Nzâmbi Ampûngu*, pour désigner la toute-puissance de l'Etre-suprême. Cette expression, adoptée par l'Eglise chrétienne jusqu'à nos jours dans ses traductions de la Bible, montre bien que les mots *n'kisi* et *mpûngu* peuvent revêtir même une connotation divine et peuvent aussi être utilisés en relation avec le pouvoir du Très-haut.

Sur le plan de l'anthropologie, je peux citer Hutton Webster qui affirme dans son livre intitulé *la Magie dans les sociétés primitives* que : « Les tribus de parler bantou du Bas-Congo ont un terme *nkissi* (*nkici*) qui signifie rigoureusement l'esprit, la puissance, le mystère « contenu dans les médecines, les arbres, les herbes, la terre. De là, il est venu à signifier tout pouvoir mystérieux (R. E. Dennett). » »[8] On voit clairement ici que la notion du *n'kisi* est définie comme ayant essentiellement trait à un pouvoir spirituel.

Il y a aussi des arguments d'ordre étymologique. Dans son livre *Voici les Jagas*, R. Batshikama écrit : « le mot *N'KISI* dérive du verbe *kisika*, <u>rendre fort</u> [c'est moi qui souligne], consacrer, sanctifier, ordonner, bénir ; synonyme *KINIKA*, *KISULA* ; le contraire, c'est profaner, outrager, enlever les

---

[8] Webster, H., *la Magie dans les sociétés primitives*, Paris : Payot, 1952, p. 29.

bénédictions, synonyme *SINUKA*. »[9] Nous voyons clairement ici que le concept de *n'kisi* fait allusion au pouvoir comme je l'ai soutenu ci-haut et il a aussi une connotation du sacré. Pour Batshikama *n'kisi* veut dire religion et tous les termes liés à *n'kisi* ont trait à la religion. Nous sommes ici, comme on le voit, loin de la connotation essentiellement négative attribuée faussement à ce concept *kongo* par ignorance et suite à des préjugés pour lui donner un sens foncièrement diabolique.

A propos de cette affirmation de Batshikama, il sied de souligner aussi que pour le professeur Margaret Washington,[10] les Bakôngo à l'époque précoloniale appelaient l'église chrétienne « *nzo n'kisi* », tandis que les Ecritures Saintes chrétiennes étaient pour eux des « *min'kânda mian'kisi* ». Cependant, je ne suis pas de l'avis de professeur Washington lorsqu'elle affirme que l'usage de ces termes était négatif. Je pense plutôt que cet usage découlait de la compréhension profonde des Bakôngo selon laquelle le pouvoir divin est le plus élevé des *min'kisi*, ainsi l'église et la Bible faisant partie du sacré ne pouvaient qu'avoir trait au *n'kisi* ; en d'autres termes, la notion de *n'kisi* divin étant l'essence même de leur religion, les Bakôngo ne

---

[9] Batshikama ba Mampuya ma Ndwâla, R., *Voici les Jagas*, Kinshasa, 1971, p. 188.
[10] Margaret Washington, *Le Legs universel de Kimpa Vita aux peuples noirs*, http /pbs.org/wgbh/aia/part1/1i3077.

pouvaient voir toute autre religion que sous les traits de cette conviction profonde.

Dans son livre, auquel j'ai fait allusion ci-haut, Batshikama cite le Père Georges Gheel qui donne dans le premier dictionnaire bantou les acceptions suivantes pour le mot *wun'kisi*, une forme archaïque du terme *n'kisi* : sainteté, divinité, volonté divine. Dans ces acceptions on s'aperçoit que le mot *n'kisi* fait allusion au pouvoir spirituel divin et il n'y a pas une moindre allusion à la connotation négative qui est attachée maintenant à ce noble concept *kongo.*

Dans son livre intitulé *la Problématique crocodilienne à Luozi*, le professeur Kimpianga Mahaniah fait une allusion singulière au *n'kisi* en soulignant : « (…) Dans la société précoloniale, des personnes achetaient ou apprenaient d'un propriétaire de *n'kisi* des pouvoirs nocturnes nécessaires pour l'épanouissement d'une activité de production en vue du renforcement ou de l'augmentation de la force vitale ou l'acquisition de beaucoup de prestiges et de forces pour influencer le monde invisible, pour communier avec les esprits, pour dominer et gouverner, pour devenir guérisseur et pour être en mesure de se venger contre ses ennemis ou les maîtriser pour jeter le mauvais sort à autrui, pour protéger contre les envoûteurs. »[11] Cette citation de Kimpianga suggère que le n'kisi implique un pouvoir qui peut être utilisé pour le progrès de la société, c'est-à-dire une force positive.

Le *n'kisi*, en tant que secours des esprits, était et est encore un des moyens d'accéder au *kindoki*, de développer les facultés *éthériques*. Or, chez les Bakôngo, les modes d'initiation au mystère vont du démoniaque au divin. Ainsi le *n'kisi* va aussi du démoniaque au divin.

2.1 Classification de *min'kisi*

Le mystère initiatique négro-africain peut être classifié en trois catégories :

- Le mystère divin

- Le mystère humain

- Le mystère démoniaque

Dans le mystère divin le pouvoir est acquis par la purification de la pensée et l'observance de lois spirituelles. Ce pouvoir ne peut donc être utilisé que dans le bien. Le mystère divin est le plus puissant des trois mystères précités.

---

[11] Kimpianga Mahaniah, *la Problématique crocodilienne à Luozi*, p. 30.

Le mystère humain englobe tous les mystères où le pouvoir est acquis par des moyens humains et peut donc être utilisé dans le bien comme dans le mal. Le mystère humain est celui de la majorité dans toute société négro-africaine.

Quant au mystère démoniaque, c'est celui dont le pouvoir est acquis par des moyens démoniaques : corruption de la pensée, possession démoniaque, sacrifice humain... Si le mystère divin et le mystère humain ont toujours eu des cadres officiels d'enseignement chez les Négro-africains, le mystère démoniaque n'en a jamais eu. C'est donc une déviation qui était condamnée par la société.

Puisque le pouvoir traditionnel en présence dans la société négro-africaine peut être classifié en divin, humain et démoniaque, il va de soi que le *n'kisi*, en qualité de pouvoir essentiel à la dévotion, doit se classifier aussi en divin, humain et démoniaque.

2.2 Le *n'kisi* divin

Le *n'kisi* divin est le pouvoir spirituel acquis par la purification de la pensée. Etant l'émanation du pouvoir divin, ce *n'kisi* est d'abord Dieu Lui-même (Mpûngu

Tulêndo, le *n'ksi* qui inclut toute autorité)[12]. Etant Dieu lui-même, ce *n'kisi* n'avait pas de représentation matérielle, car Dieu est un être absolument spirituel, il est l'Esprit. Il ne peut donc pas être représenté par quelque chose d'inférieur. Van Wing écrit au sujet des Bakôngo : « Ils ont des statuettes fétiches par centaines, pour représenter des hommes, des animaux, des esprits ; mais aucune ne représente Nzâmbi. Ceux qui ont parlé de fétiche Nzâmbi chez nos Bakongo, ont rêvé ou sont victimes d'un malentendu. Nzâmbi n'est pas de la catégorie des êtres qu'on représente, dont on a une connaissance expérimentale. »[13]

Le *n'kisi* divin n'est donc pas l'œuvre de l'expertise d'une main humaine. Acquis par l'homme, il n'est que la manifestation du pouvoir divin immanent par l'Enfant de Dieu, Mahûngu. Car tout homme est potentiellement un Mahûngu, l'homme à l'image de Dieu, complet et ayant la domination sur toute la terre. Mais la manifestation de cette nature divine, le Kimahûngu, doit être réveillée par l'initiation et la mise en pratique de la sanctification de la pensée au quotidien. Le *n'kisi* divin est donc l'expression du Kimahûngu, notion qui équivaut à celle du Verbe, ou

---

[12] Cette notion se retrouve aussi au Benin où une traduction littérale fait désigner Dieu par l'expression « Grand Fétiche ». Voir Dumont, J., *L'histoire générale de l'Afrique*, Paris, 1972, p. 182.
[13] Van Wing, J., *Etudes Bakongo*, Léopoldville, 1938, p. 305.

le Christ, la manifestation parfaite de Dieu, dans la tradition chrétienne.

2.3   Le *n'kisi* humain

La caractéristique principale du *n'kisi* humain est qu'il est ambivalent : il peut être utilisé dans le bien comme dans le mal. Van Wing montre par exemple que le *n'kisi nkosi* qui est un fétiche utilisé pour punir les maraudeurs, est aussi employé pour guérir le mal qui frappe un individu lorsqu'un parent a volé dans un champ d'autrui.[14] Ainsi le *n'kisi* humain peut à la fois causer et détruire le mal.

Bahelele affirme qu'à l'issue de son initiation au Kinkîmba ou au Kimpasi, chaque élève pouvait s'initier à un fétiche, mais pas obligatoirement.[15] Or le même auteur affirme que « l'élève du Kinkîmba est un être sacré »[16], ce qui indique que le *n'kisi* auquel il s'initie, outre son initiation divine, n'est pas démoniaque, mais un pouvoir humain utile à la protection palliative de l'humanité.

---

[14] Van Wing, ibidem, p. 396.
[15] Bahelele Ndimisa, *Lusansu ye fu bia nkongo*, Kinshasa : CEDI, 1977, p. 50.
[16] Bahelele, ibidem, p. 49.

2.4   Le *n'kisi* démoniaque

A l'inverse du *n'kisi* divin avec lequel il est aux antipodes, le *n'kisi* démoniaque implique l'exercice du pouvoir des mauvais esprits. Un tel pouvoir n'avait pas des cadres officiels d'enseignement chez les Bakôngo. Il doit donc être vu comme une perversion du *n'kisi* humain, perversion condamnée par la société. J'ai montré ci-haut que le *n'kisi* humain pouvait être ambivalent, ainsi ce *n'kisi* pouvait bien être perverti et devenir démoniaque.

2.5   La notion de fétiche

Le terme fétiche vient du mot portugais *feitiço*. Hegba explique que : « *Feitico* lui-même serait dérivé du latin factitium, objet fabriqué, artificiel. »[17] Parlant de l'origine de ce terme, van Wing explique ceci : « Ce nom a été appliqué par les découvreurs du 15e siècle aux statuettes et objets semblables qu'ils voyaient aux mains des Noirs dans les huttes et aux carrefours, objets de certains rites qualifiés de superstitieux. »[18]

Le terme fétiche est malheureusement attribué, à tort à tout ce qui est *n'kisi* chez les Bakongo, tout comme chez d'autres Africains, par ceux qui ne

---

[17]   Hebga, M., P., *Sorcellerie, chimère dangereuse…?*, Abidjan : INADES Editions, 1979, p.17.
[18]   Van Wing, ibidem, p. 381.

discernent pas le lien entre la notion de la divinité et celle de *n'kisi* chez les Négro-africains. Et quand bien même ils l'ont discerné, certains sont allé jusqu'à appeler Dieu le « Grand Fétiche ».[19]

Le terme fétiche, à proprement parler, indique plutôt quelque chose d'artificiel, une fabrication de la main humaine. Il est évident qu'un tel terme ne doit pas être appliqué au *n'kisi* divin, dans la mesure où celui-ci désigne d'abord Dieu lui-même (*Mpûngu Tulêndo*) et se réfère aussi à la manifestation de son pouvoir, le Verbe, le Kimahûngu. Comme je l'ai dit ci-haut, van Wing montre bien que les Bakôngo représentaient toute chose comprise dans le monde végétal et animal, cependant Dieu n'a jamais été représenté par ces Négro-africains, car Il est Esprit. Dans la conception profonde des Bakôngo, le *n'kisi* divin n'est donc pas un fétiche. .

Ainsi, la notion de fétiche ne peut-elle s'appliquer qu'à ce qui est l'œuvre de l'expertise de l'homme : le *n'kisi* humain ; tout comme elle peut s'appliquer à sa perversion qui est le *n'kisi* démoniaque. Du reste ces

---

[19] Cette notion se retrouve aussi au Benin où une traduction littérale fait désigner le Dieu Très-haut par l'expression « Grand Fétiche ». Voir Dumont, J., *L'histoire générale de l'Afrique*, Paris, 1972, p. 182. Je pense que l'expression originelle Béninoise doit être un synonyme de *Nzâmbi Ampungu Tulendo*.

deux *min'kisi* sont les seuls pour lesquels les Bakôngo façonnent des représentations.

C'est donc dans le sens de *n'kisi* humain et de *n'kisi* démoniaque que, pour le besoin de l'ouvrage, je vais utiliser le terme fétiche. Car cet usage du mot fétiche cadre très bien avec la connotation d'artificiel qu'implique ce terme dans son acception originelle portugaise.

Je penche aussi dans le sens de la compréhension des anciens Besikôngo, eux pour qui les effigies dont regorgent des églises, le crucifix, le chapelet... en tant que réceptacle du pouvoir, ne sont que des fétiches : les inventions de la pensée humaine[20].

---

[20] Margaret Washington, *Le Legs universel de Kimpa Vita aux peuples noirs*, http /pbs.org/wgbh/aia/part1/1i3077.

3   L'ORIGINE DE FETICHES

L'hypothèse que je présente dans ce chapitre est que l'usage de fétiches, chez les Négro-africains, est à l'origine une invention humaine destinée à perpétuer par un moyen humain (la foi en la matière et aux ancêtres) le pouvoir acquis par le mystère divin, le *n'kisi* divin ; les fétiches sont donc un moyen palliatif destiné à perpétuer humainement un pouvoir acquis par l'initiation divine. Je vais présenter ici une fiction qui me servira d'illustration pour montrer comment un fétiche pouvait être créé par un initié du mystère divin.

Le vieux Tûku est originaire du village Kûmbi ; un village grouillant de monde et perché sur le sommet d'une colline dans un terroir de la région de cataractes. La vie dans la contrée est paisible, comme on peut le remarquer les jours où le marché se tient, jours qui ressemblent à des occasions de festivités. Car si le marché est supposé être un lieu où les gens viennent pour vendre ou acheter des biens et les services, le marché de Kûmbi, (nommé Nkênge-Kûmbi puisqu'il ne se tient que le jour de Nkênge[21]) comme tous les marchés du Kôngo, est surtout un lieu de rencontre avec des parents éloignés, voire le lieu par excellence de jouissance pour les habitants de la contrée.

---

[21] La semaine *kôngo* avait quatre jours : *nsona, nkênge, kându,* et *kônso.* Chaque clan avait son jour de repos.

Tûku était né pendant la période de récolte d'arachides ; bien sûr que c'est là une manière vraiment imprécise de fixer la date d'un évènement, mais c'est la seule que le commun des mortels parmi les mamans de cette région de cataractes a trouvé pour se remémorer tous les faits du passé de sa petite famille.

Les enfants du village sont très actifs et dociles. Ils commencent leur journée très tôt le matin, soit pour aider leurs parents dans les travaux de champs, soit pour vaquer à leurs propres activités de petite chasse. Mais si Tûku à son jeune âge était souvent privé de la joie de participer à ces tâches, c'est qu'en fait l'enfant était de constitution vraiment fragile, et il tombait souvent malade.

Les habitants de Kûmbi, comme tous les Africains, ne connaissent de cause de maladie que la sorcellerie ou une désobéissance aux lois des ancêtres. Selon leur conviction profonde, l'homme est né pour vivre le plus longtemps possible sur cette terre ; mourir à l'âge juvénile est donc une anomalie pour laquelle des palabres sont nécessaires pour trouver les causes, toujours maléfiques, du décès : un sorcier doit être incriminé.

Pour palier aux maladies chroniques de Tûku, des maladies dont les parents de l'enfant avaient finalement conclu comme étant dues aux *bankua n'soki*, les sorciers, Tuku avait finalement été choisi pour faire parti d'une initiation du Kimpasi.

Le Kimpasi est la plus grande des institutions initiatiques des Besikôngo. Cette université de la forêt tropicale était destinée à former les prêtres traditionnels ; c'était donc une école d'initiation sacerdotale, une académie de la prophétie divine. Le pays disposait de trois institutions initiatiques, les deux autres étant le Kinkîmba et le Lêmba. Si les enseignements de ces dernières institutions étaient, à l'instar de ceux du Kimpasi, centrés aussi sur la connaissance de Dieu et de la divinité de l'homme, Ils n'avaient pas pourtant le caractère sacerdotal. Le Kinkîmba et le Lêmba étaient donc des écoles du petit mystère, des écoles destinées à créer de bonnes conditions de vie dans le pays.

Le Kinkîmba était une académie martiale, ce qui peut se justifier par le symbolisme du serpent (le python) qui le caractérise ; car le python (*mboma*) est le symbole par excellence de la puissance martiale en Afrique. Quant à l'académie Lêmba, elle s'occupait de l'initiation civile ; il était donc le garant de toutes les connaissances humaines non-martiales, entre autres la connaissance de l'art du gouvernement et de la guérison.

Le vieux Tûku brillait par sa sagesse ; il semblait ne jamais trouver des problèmes résistant à la perspicacité de son intuition. Cependant, il fallait souvent faire montre de beaucoup de patience pour qu'enfin il puisse livrer la solution à un problème contre lequel toutes les cogitations des villageois avaient achoppé : le temps ne le pressait jamais ; la nuit porte conseil, affirme-t-on à Kûmbi.

Si le vieux Tûku suscitait l'admiration de tout le village, il était en plusieurs points un grand mystère pour les jeunes gens. Car, comment ce vieux frêle et nonchalant arrivait-il toujours à les devancer quand bien même ils le précédaient pour un long trajet à parcourir ? Comment faisait-il pour marcher toujours plus vite qu'eux, et ce, quelles que vives que fussent leurs allures de marche ? Et même s'ils se décidaient de courir pour arriver enfin avant le vieil initié, ils le trouvaient toujours déjà confortablement installé à destination. Et le comble de déshonneur pour leur fierté juvénile est qu'il les blâmait encore de ne jamais se presser comme des vrais jeunes gens doivent le faire ! Aucun jeune de Kûmbi n'avait vraiment trouvé une réponse à l'énigme de sa célérité.

Tout pouvoir dans le mystère divin est le résultat de la purification de l'être. Ainsi le pouvoir de télékinésie de Tûku est-il le résultat d'une longue pratique de la sanctification de son être mentalement et par les ablutions. Le but de l'initiation du Kimpasi est de permettre à l'initié de développer, par la purification de sa pensée, le potentiel qui est latent en tout homme. Nous naissons tous bons, affirme les initiés du Kimpasi ; à sa naissance l'homme a une voie parfaite bien tracée devant lui, une voie de prospérité. Mais les esprits pervers s'efforcent toujours de le désorienter de son destin divin. Ainsi, c'est l'objectif du Kimpasi que de permettre à l'homme mortel de retrouver la voie que Dieu avait tracé pour lui.

L'homme dans le Kimpasi, comme dans toutes les académies initiatiques *kôngo*, est en réalité un Dieu qui s'ignore ; en lui gît la complétude de la divinité. C'est pour cette raison que chaque Muesikôngo appelle sa partie gauche femelle et sa partie droite mâle, cette nature complète de l'être se nomme le Kimahûngu. Prendre conscience du Kimahûngu et le vivre dans une vie de sanctification, une vie de domination effective sur le péché, est la clé de la réussite dans tous les mystères des écoles initiatiques *kôngo*. Le Kimahûngu est donc le *n'kisi* divin par excellence. L'homme, en possession de ce *n'kisi* puissant, est un Mahûngu qui le sait et qui le vit.

Grâce à la sanctification, l'initié du Kimpasi arrive à vivre une communion parfaite avec les ancêtres dont il entend la douce petite voix aussi clairement et distinctement qu'une oreille très attentive entend dans la savane un appel venant d'une clairière lointaine. Les ancêtres cheminent avec nous dans la vie de tous les jours, ils nous parlent, mais seule une oreille initiée peut les entendre ; notre foi trop faible nous empêche de discerner ces voix lointaines qui pourtant sont toujours si proches.

Le manque de foi est le grand handicap à l'expression de potentialités énormes de l'être qui gisent en chacun de nous. Tûku est parfaitement au courant de ce truisme. Il sait aussi qu'en brisant la force de l'incrédulité, il peut, par la simple foi, même aveugle, transmettre en un temps record les pouvoirs que seules de longues années de pratique patiente, persévérante, et persistante de la sanctification lui ont conférés. C'est donc cette voie qu'il a finalement choisie pour perpétuer au sein de sa famille élargie le pouvoir de la télékinésie dont lui seul détenait le secret dans toute cette contrée de Kûmbi.

Chez les Bakôngo, l'homme appartient au clan de sa mère ; le clan est donc matrilinéaire. Il est inutile de demander à ces Négro-africains la raison d'un tel choix, la réponse est toujours la même qu'ils fournissent quant aux origines profondes de leurs valeurs coutumières : ce sont les ancêtres qui nous les ont apprises. C'est donc à son neveu Lêmbamu, fils de sa sœur cadette, que Tûku décida de transmettre son pouvoir de télékinésie, car celui-ci est supposé être un patrimoine du clan.

Lêmbamu était le plus docile des neveux de Tûku. Affectueux et serviable, cet enfant aimait beaucoup poser des questions au vieux Tûku, même si parfois elles restaient sans réponses ; le vieil Africain n'est jamais pressé de communiquer sa sagesse à la jeunesse. Ne concluez pas cependant à l'égoïsme ; car ce qui importe pour le vieux sage africain ce n'est pas de bourrer la tête de l'enfant, mais de l'aider à devenir un adulte, de le pousser à développer des qualités indispensables au développement d'aptitudes intuitives : la patience, la persévérance, la persistance, l'écoute, l'intuition, la sagesse…

Un jour, pendant qu'ils étaient dans la forêt, Tûku promis à Lêmbamu de lui livrer le secret de son pouvoir de télékinésie. Le jeune homme fut extasié, il pourra enfin percer le mystère de la rapidité de son vieil oncle. Cependant quelques interrogations ont vite fait irruption dans son esprit ; on lui avait souvent dit que les pouvoirs de Tûku étaient le fruit d'une initiation aux mystères ancestraux, et que l'introduction dans ce monde d'initiés impliquait au préalable des épreuves difficiles qui exigeaient vraiment de la bravoure. Pourtant une initiation en bonne et due forme au grand mystère du Kimpasi n'était pas l'approche choisie par Tûku. Le vieux voulait quelque chose qui pouvait être perpétuée dans la famille de génération en génération sans demander beaucoup d'efforts contraignants comme il lui a fallu en produire.

>   – Les ancêtres ne peuvent pas te transmettre leur pouvoir si tu n'obéis pas scrupuleusement à leurs lois, le sais-tu ? Demanda Tûku à Lêmbamu.

>   – Oui oncle, acquiesça le jeune homme.

Les leçons de Tûku sur les prescriptions et les règles morales que devait respecter son neveu s'accompagnaient bien souvent du récit monotone de la généalogie de la famille et de la manière dont Tûku, grâce à sa conduite exemplaire, a eu sa formation parmi les Anciens. Le jeune homme se demandait souvent pourquoi ces mêmes récits lui étaient déjà contés des dizaines de fois. Toutefois, il se gardait bien d'être impertinent en osant faire remarquer à Tûku qu'il connaissait déjà parfaitement bien cette partie de la tradition ; il y a peut être une sagesse à y apprendre qui n'a pas encore était pénétrée selon les estimations du vieux sage de Kûmbi.

Il était plausible que le jeune homme brulait d'impatience de recevoir le fameux fétiche de la télékinésie dont son oncle avait fini par lui révéler l'existence, mais il se gardait de faire montre d'empressement. Ce qu'il ne soupçonnait pas, c'est que ce fétiche n'était qu'une invention de son oncle, et que le vieux ne se servait en réalité que de sa prière pour réaliser ses exploits. Son pouvoir réputé du Kimpasi n'était autre que le fruit de son acceptation de sa nature d'enfant de Dieu, le Kimahûngu, et de la sanctification quotidienne de sa pensée. Ce pouvoir, il ne l'exerçait que par la conscience de la présence en lui de la sainteté de l'être, présence qui lui permettait d'avoir accès à la présence des ancêtres saints autour de lui : c'était donc en définitive l'esprit des ancêtres-saints agissant en lui qui lui permettait d'effectuer ses prouesses ; son pouvoir de télékinésie était un *n'kisi* divin.

Un jour le vieux Tûku appela Lêmbamu et s'adressa à lui en ces termes :

> — Je suis content de la manière dont tu respectes les prescriptions laissées par nos chers ancêtres. Il est donc temps pour toi

d'apprendre le pouvoir de télékinésie. Tiens ! Prends ce fétiche.

Tûku tendit à Lêmbamu le petit sachet en peau de gazelle contenant des objets hétéroclites dont lui seul détenait la maitrise de la composition.

> — Merci oncle, lança le jeune homme tout joyeux.

> — Nous allons faire un voyage distant à l'aide de ce pouvoir des ancêtres, retiens bien tout ce que je vais faire et les formules que je vais prononcer.

Lêmbamu observait tout ce qui s'effectuait par Tûku avec une attention dévotionnelle. Le vieux, sachant qu'un pouvoir humain peut facilement être dévié et se prêter à l'usage négatif, et malgré toutes les précautions qu'il avait déjà prises pour éviter cette dérive malheureuse, ajouta :

> — Tu ne devras jamais utiliser ce pouvoir autrement que dans le but de faire du bien, autrement les ancêtres vont te tourner leur dos et tu perdras leur secours, conseilla-t-il au jeune homme avec fermeté.

Tûku marmonna quelques formules, et demanda à Lêmbamu de le tenir et de fermer les yeux. Quand enfin il lui fut ordonné d'ouvrir ses paupières, grande était sa surprise de constater qu'ils étaient déjà à destination. « Ce fétiche est vraiment efficace, pensat-il sans mot dire. » Ce voyage instantané ne fut que le premier d'une longue série d'exploits effectués par Tûku en compagnie de son neveu. Le vieux prenait toujours le soin de frapper l'imagination de Lêmbamu afin de lui inculquer la conviction de la puissance du fétiche de la télékinésie.

C'est ainsi qu'avec des utilisations répétées, en compagnie toujours de son oncle, la foi grandit en Lêmbamu que le fétiche de la télékinésie fonctionne effectivement. Il ne restait plus au vieux que de lui ordonner de l'essayer tout seul. Grâce à la foi accrue du jeune homme (ce que pourtant lui-même ignorait), il pu se déplacer tout seul à l'aide du fétiche : le pouvoir de la télékinésie acquis par son oncle par l'application des principes du mystère divin venait de lui être transmis par la simple foi aveugle aux ancêtres. Un fétiche était du coup né.

Le pouvoir de télékinésie de Tûku est un *n'kisi* divin, un pouvoir acquis grâce à l'exercice assidu de la sanctification de l'être, tandis que le pouvoir de télékinésie de Lêmbamu est un fétiche, un *n'kisi* humain, un pouvoir qui peut être perpétué par la simple foi aux ancêtres par l'entremise d'un objet fabriqué par l'homme. En outre, Tûku ne peut utiliser son pouvoir que dans le bien, alors que Lêmbamu peut user du sien dans le bien comme dans le mal. Cependant ce dernier usage lui est formellement interdit, à moins que la protection des individus ou des biens de la communauté en soi le mobile.

Ce récit illustre donc comment les fétiches ont pu être créés par les initiés engagés dans le mystère divin. Les fétiches sont un moyen temporel utilisé par nos ancêtres pour préserver les Besikôngo pendant la période d'égarement ressemblant au sommeil d'une civilisation. Plusieurs éléments ethnographiques permettent de justifier cette hypothèse de l'origine divine des *min'kisi*.

4 LES TROIS MYSTERES AU ROYAUME KONGO

J'ai affirmé dans mon illustration exposée au chapitre précédent qu'il existait trois genres de mystères chez les Bakôngo. Il est important d'élucider la notion de cette trilogie initiatique pour la compréhension du parallélisme que je vais établir plus loin entre le système initiatique de l'Egypte ancienne et le système *kôngo*. Je vais donc dans ce chapitre montrer plus clairement l'existence de trois mystères initiatiques chez les Besikôngo : le grand mystère, le mystère civil et le mystère martial.

Les principales écoles initiatiques *kôngo* sont : le Kimpasi, le Lêmba et le Kinkimba. Ces écoles initiatiques *kôngo* avaient parfois d'autres noms dans d'autres contrées, mais quelle que soit l'appellation, chaque académie initiatique chez les Besikôngo, comme partout ailleurs chez les Négro-africains, s'inscrivait dans le cadre de l'un des courants que je vais décrire par les lignes qui suivent :

4.1 Les trois mystères *kôngo*

La classification que je vais donner ici est celle qui est basée sur les classes professionnelles. Il est vrai que sur le plan de leur nature, le savoir et le pouvoir initiatiques se groupent en :

- Mystère divin, où le pouvoir acquis par la purification de la pensée ne peut être utilisé que dans le bien.

- Mystère humain, où le pouvoir est acquis par des moyens humains et peut être utilisé pour le bien ou pour le mal.

- Mystère démoniaque, où le pouvoir est acquis par des moyens démoniaques et ne peut être utilisé que dans le mal.

Mais sur le plan de divisions professionnelles le système initiatique *kôngo* obéit plutôt à la classification suivante :

- Le grand mystère, ou le mystère sacerdotal,

- Le petit mystère, qui inclut à son tour deux embranchements :

  o le mystère martial,

  o le mystère civil.

Dans la pratique il y avait plus de trois écoles initiatiques chez les Beskôngo : cependant, j'ose croire que chaque académie initiatique *kôngo* faisait partie de l'une des trois catégories professionnelles précitées. Cela était conforme au principe de la trinité sur laquelle était bâtie la nation *kôngo*.

4.1.1 Le grand mystère

Le grand mystère *kôngo* est représenté par le Kimpasi, car le mystère de cette école visait essentiellement la formation des prophètes divins. Grâce à ses purifications rituelles effectuées à l'aide des ablutions constantes, le Kimpasi amenait ses initiés à être capables d'entendre les voix des ancêtres-saints et finalement à être à même de les voir et de parler avec eux comme un homme parle à son semblable. C'est ainsi que de l'académie initiatique Kimpasi sont sorties les grandes figures de la spiritualité *kôngo* de notre époque : Kimpa Vita et Simon Kimbangu[22].

Que le Kimpasi fût une académie de formation des prophètes divins se voit aussi au fait suivant : lors de la fondation du Royaume Kongo, le Roi Lukeni, s'allia avec le grand-prêtre Nsaku Ne Vunda, or celui-ci était de la région des Bampângu, dont le terroir est le fief du Kimpasi. D'ailleurs le clan Nsaku est considéré dans la tradition *kôngo* comme le « *N'singa wôlo wakulumukina Nzâmbi Ampûngu.* » Batshikama explique cette expression comme suit : « Le sacré cordon en or par lequel descend Dieu Tout-Puissant. »[23] Ceci implique que Nsaku et ses descendants sont les agents des révélations venant du Dieu Très-Haut par l'entremise des ancêtres-saints, Nsaku est donc une lignée des prophètes. C'est toujours de ce clan que provenaient les grands-prêtres du Royaume Kôngo. Ainsi donc l'école qui régnait dans la région de Bampangu ne pouvait-elle être qu'une école de formation des prophètes du mystère divin.

---

[22] Voir mon livre, *Vaincre la sorcellerie en Afrique,* pp. 32-33.
[23] Batshikama, R., *Voici les Jagas*, Kinshasa, 1971, p. 181.

Sur le plan étymologique, le mot *kimpasi* vient du terme *mpasi* qui, dans le vieux *kikôngo,* veut dire la richesse.[24] Or les Bakôngo évoluant dans une culture solaire, une culture centrée sur le divin, leur grande richesse ne peut être en réalité que la spiritualité. Ainsi le Kimpasi est-il l'école de la grande spiritualité ; c'est donc le Kimpasi qui est le garant de la formation des prophètes du mystère divin dans le milieu *kôngo.*

4.1.2 Le mystère civil

Le mystère civil par excellence au Royaume Kôngo est le Lemba. Le Lêmba est l'école initiatique qui dominait au Nord du Royaume Kôngo. Parlant de cette école Janzen nous révèle les descriptions suivantes : « Elle est décrite comme ayant été « une médecine du village », une médecine de la famille et de sa perpétuation » ; « une médecine de la fertilité » ; « la médecine sacrée de la manière de gouverner » (*Lemba i n'kisi wangyaadila*) selon un chef ; « le contrôle de la multiplication et de la reproduction » *(luyaalu lua niekisa),* par une ancienne femme de Lêmba ; et « la médecine sacrée qui unit le peuple, les villages et les marchés » *(n'kisi wabundisa bantu,*

---

[24] Le mot *mpasi* garde encore le sens de richesse dans le *tshiokwe*, l'un des dialectes *kôngo*, de la région de Bandundu.

mavata ye mazandu), par un marchant contemporain et chef de clan qui a écrit une histoire locale. »[25]

Toutes ces descriptions fournies par des gens qui habitaient la contrée qui était dominée par le Lêmba montrent que cette académie était une école du mystère civil, c'est-à-dire une académie non-martiale centrée sur une formation humaine destinée à créer des conditions de paix et de progrès dans la société *kôngo.* A mon sens, c'est de la même façon que Janzen perçoit cette académie initiatique quand il dit dans son livre *Lemba, 1650-1930* que le Lêmba est une « secte historique majeure destinée à la guérison, au commerce, et au mariage ».[26]

Sur le plan étymologique, le mot *lêmba*, vient du verbe *lêmba* qui veut dire apaiser. Le Lêmba avait donc pour tache de pacifier le pays en apaisant les forces négatives : maladie, crise, tension entre les Besikôngo, etc.

4.1.3 Le mystère martial,

L'initiation martiale chez les Bakôngo était l'affaire de l'académie Kinkimba. Le mystère du Kinkîmba a régné en maître sur la côte ouest du Royaume Kôngo,

---

[25] Janzen : *Lemba, 1650-1930*, New York : Garland Publishing inc., p. 4.
[26] Janzen, Ibidem, p. 3.

depuis le territoire des Bayômbe (République démocratique du Congo), jusqu'au Loango (République du Congo) en passant par les Bawoyo situés à l'embouchure du Fleuve Congo.

Sur le plan étymologique, le terme *kinkîmba* vient du verbe *kîmba* qui veut dire courir et il montre que cette initiation était liée aux prouesses physiques. Que le Kinkîmba fût une académie militaire se voit au symbolisme du serpent qui lui est attaché. Chez les Bawoyo, à la fin de son initiation, l'élève du Kinkîmba devait être léché par un serpent vivant.

Mvog Ekang confirme que le serpent est le symbole de l'initiation martiale chez les Africains, dans la mesure où il écrit au sujet du python dans l'initiation So chez les Bétis du Cameroun : « Le rite de la liane-python était une formation à l'endurance dont l'équivalent est la formation militaire contemporaine. »[27]

Le python (*mboma*) dans le Kinkîmba est le symbole de la force martiale de Tafu-maluangu (Mahûngu), l'homme en qui se trouve le Kimahûngu, la complétude de Dieu ; complétude manifestée par la présence en lui de la nature mâle et femelle divines. A ce titre le python est lui-même représenté dans le ciel

---

[27] Mvog Ekang, *Cameroun – religion traditionnelle*, www.facebook.com/topic.php?uid=329561433865&topic=15405.

par l'arc-en-ciel. Car ce signe pacifique du Dieu Très-haut nous apparait dans le firmament sous la forme d'un arc multicolore éclatant mâle devant un autre arc mât femelle. L'arc-en-ciel manifeste donc la puissance du Verbe qui maitrise, dans les cieux, les forces de la nature pour la protection de l'humanité.

A propos du python (*mboma*) il faut rappeler aussi que le grand chef militaire s'appelle en *kikôngo n'kuamboma*, ce qui donne en langue *teke* : Ngamboma, le nom d'un grand chef militaire *teke* de Kinshasa.

Le premier ministre du Royaume de Loango se nommait Ma-Mboma-Tchiluangu. Concernant la signification de ce terme Joseph Kimfoko Mandoungou, le conservateur du musée de Loango (musée situé à proximité de la ville de Pointe-Noire), explique qu'il implique : « l'acquisition par ce personnage de Nthchiama (arc-en-ciel) dont l'incarnation animale est le python (Mboma), et qui étend sa protection magique sur tout ce qu'il entoure. »[28] On voit clairement ici ressortir l'idée d'une fortification militaire défensive.

Parlant du contenu de la case initiatique du Kimkîmba, Bittrémieux nous donne les

---

[28] Kimfoko Madoungou, J., *le Guide du musée*, Pointe-Tròire, 1985.

renseignements suivants : « On voyait s'étaler aussi les instruments habituels du sexe fort : des couteaux, des cerceaux de lianes, un fusil à caillou, des calebasses pour le vin de palme ; puis, des fusils de bois pour les tournois (…) »[29]

Ces « instruments du sexe fort » ne font-ils pas tout naturellement penser à une formation militaire en bonne et due forme, surtout lorsqu'on nous révèle que les fusils servaient à des tournois ? La *Stono Révolution*[30] nous apprend que les fusils faisaient partie des armes utilisées par les initiés *kôngo* formaient à la guerre dans la province de Mbamba. Le Kinkimba était donc une académie militaire.

4.2 Survie de l'initiation *kôngo*

Le système initiatique des Besikôngo avait maille à partir avec l'entreprise coloniale dès le début de l'intrusion des Occidentaux dans le quotidien des Négro-africains. L'incompréhension, les préjugées et la malice ont poussé les missionnaires et les laïcs occidentaux à travailler à la destruction de valeurs

---

[29] Bittremieux, L., *la Société secrète des Bakhimba au Mayombe*, Bruxelles, 1936, p. 37.
[30] Révolte des esclaves Bakôngo en 1739 en Caroline du Sud aux Etats Unis d'Amérique qui, sous la conduite de Jemmy, se sont battus victorieusement contre les Blancs grâce aux fusils récupérés en cassant une cache d'armes et ce sont installés en Floride comme des hommes libres.

spirituelles *kôngo* perçues malheureusement par eux comme démoniaques, même si en réalité elles étaient souvent conservées comme de valeurs très précieuses destinées à truffer leurs musées outre-mer.

Cependant, il est à noter aussi que les Bakôngo sont parmi les rares Africains qui ont su, malgré cette poussée adverse multiséculaire, maintenir l'essentiel des enseignements initiatiques jusqu'aux années 1930, si bien que l'on trouve encore aujourd'hui des familles où la quintessence de savoir initiatique est encore transmise des parents à leurs progénitures. Cette situation est surtout vraie du Kimpasi qui pouvait bien être réduite à sa plus simple expression, à savoir : la sanctification de l'être.

La nation *kôngo* est donc aujourd'hui dans l'obligation sacrée d'aider les Négro-africains à retrouver la voie ancestrale menant à l'apogée du savoir et du pouvoir initiatiques. Il appartient donc au Besikôngo de donner à leurs frères et sœurs de race de l'Afrique et de la diaspora le sacré secret initiatique qu'ils ont eu l'insigne honneur de garder pour la prospérité de l'humanité à ce troisième millénaire.

5 PREUVES DE L'ORIGINE DIVINE DE FETICHES

Je vais dans ce chapitre étayer, sur base des éléments ethnographiques, l'hypothèse que j'ai évoquée à la fin du troisième chapitre, l'hypothèse selon laquelle les fétiches trouvent leur origine dans la tradition initiatique divine, qu'ils sont à l'origine l'œuvre des initiés du mystère divin, un moyen humain de transmission et de perpétuation de leur pouvoir par la foi en la matière et au secours des ancêtres. Parmi les preuves ethnographiques on trouve :

- les *ndumbululu* de fétiches,

- les témoignages des Bampângu,

- et le mythe de Nzala Mpânda.

5.1 Les *ndumbululu* de fétiches

Le *ndumbululu* est un court poème épique qui donne un aperçu de l'histoire d'un clan ou d'un *n'kisi*. Chaque clan chez les Bakôngo a son *ndumbululu*. Ces poèmes, qui font partie des insignes d'honneur du clan, sont souvent dans un *kikôngo* archaïque, ce qui montre que leur origine remonte aux époques très anciennes au Kôngo dia Tûku, la patrie originelle de Bakôngo.

Dans son livre *Etudes Bakongo*, van Wing nous parle des fétiches, *n'kisi* humain ou démoniaques, utilisés par les tribus *kôngo* de l'est. Parmi ces fétiches il y a le *n'kosi*. Ce fétiche était utilisé chez les Bampângu[31] pour protéger leurs maisons, leurs champs ou tout autre avoir, en s'attaquant aux voleurs et aux sorciers. Van Wing donne du fétiche *n'kosi* le *ndumbululu* suivant :

> *E n'kosi !*
> *Kimênga kiaku umwene kio,*
> *A nsidi sa,*
> *Zibula rnakutu.*
> *Nge N'kosi mbûngu zi mênga,*
> *Nge mûntu ye zi'na,*
> *Mpati aku mono,*
> *Ngang'aku mono.*
> *Utuka ku nani ?*
> *Utuka ku na Sâmba.*
> *Na Sâmba ukubakila ku ba mbuta zândi,*
> *Ba mbuta zândi bakutombula ku masa.*[32]

Il fournit de ce *ndumbululu* du fétiche *n'kosi* la traduction suivante :

> Eh N'kosi !
> Ton sang tu l'as vu et bu,
> Je vais te parler,

---

[31] Les Bakongo situés en amont du fleuve.
[32] Van Wing, J., *Etudes Bakongo*, Leopoldville, 1938, pp. 395-396

Ouvre tes oreilles.
Toi, N'kosi qui répand le sang.
Toi homme avec ton nom,
Ton propriétaire, c'est moi,
Ton nganga c'est moi.
Car de qui viens-tu ?
Tu viens du Seigneur Samba.
Le Seigneur Samba t'a eu de ses Anciens,
Ses Anciens t'ont fait monter de l'eau.

Ce *ndumbululu* indique donc clairement que le fétiche *n'kosi* à été transmis de générations en génération jusqu'à tomber entre les mains du Seigneur Sâmba. Mais, le tout premier *n'kosi* les Anciens l'ont fait remonter de l'eau. Il faut ici comprendre que l'eau dans la tradition spirituelle *kôngo* est le symbole de la sainteté ; l'eau implique le monde saint des ancêtres illuminés. Le premier *n'kisi n'kosi* est donc l'œuvre des ancêtres engagés dans les mystères divin : c'est un pouvoir divin transmis par la foi en tant que pouvoir temporel appelé fétiche *n'kosi*.

On peut lire la même chose concernant le fétiche nommé *kapiângu* que le même auteur définit de la manière suivante : « Ce fétiche ou pour mieux dire l'esprit de ce fétiche, incorporé à une statuette est universellement redouté. Il sert à rechercher et poursuivre voleurs et fauteurs de maléfices. »[33] Voici donc le *ndumbululu* de *kapiângu* tel que recueilli par van Wing auprès des Bampângu :

> Toi, Kapiangu, homme avec ton nom,
> Je suis ton possesseur,
> Je suis ton maître nganga.
> De qui viens-tu ?
> — Tu viens de Na Lumba.
> Na Lumba te reçut de ses Anciens.
> Ses Anciens t'ont fait surgir de l'eau.[34]

Les *ndumbululu* sont donc unanimes et claires au sujet des fétiches : le premier *n'kisi* est divin, et son pouvoir est perpétué de génération en génération sous la forme humaine ; les fétiches sont donc d'une origine divine.

5.2   Les témoignages des Bampângu

Les témoignages que j'ai recueillis auprès des Bampângu abondent dans le même sens, ils montrent que l'origine de fétiches est dans le mystère divin, une œuvre des ancêtres engagés dans l'initiation divine. Selon l'un de mes informateurs, les ainés dans son village se plaignaient auprès des ancêtres devant les rivières en s'exprimant en ces termes : « Vraiment

---

[33] Van Wing, *Etudes Bakongo*, Leopoldville, 1938, P. 388.
[34] Van Wing, ibidem, p. 391.

dans tout ce village vous ne trouvez personne sur qui vous pouvez faire remonter le *n'kisi* de l'eau? »[35]

L'une des rituelles pour l'obtention de ce *n'kisi* originel consistait à plonger l'élève dans l'eau d'où il remontait avec des pouvoirs reçus des ancêtres. La personne ainsi initiée avait des pouvoirs qui dépassaient celui des autres initiés aux mystères humains.

5.3   Le mythe de Nzala Mpânda

J'ai souligné dans mon introduction que les ancêtres nous ont laissé ce mythe pour nous rappeler l'origine et la destinée des *n'kisi* humains, les fétiches, chez les Négro-africains. L'étude de ce mythe ferra l'objet du chapitre suivant.

---

[35] Témoignage recueilli auprès de Kondo Makela qui m'a décrit de cette manière une scène constamment vécue au village de Kimuanga, secteur Ngemba, au Kôngo Central (RDC) pendant qu'elle y passait des vacances.

6   LE MYTHE DE NZALA MPÂNDA

Ce mythe *kôngo* nous est rapporté par van Wing, un missionnaire de la Société de Jésus qui a longtemps séjourné parmi les tribus *bampângu*, les Bakôngo qui sont en amont de Nzadi Kôngo, le Fleuve Congo. Ce mythe a été raconté à Van Wing par plusieurs Anciens à propos de l'origine de fétiches. En voici la teneur :

« Nzala Mpânda est venu du ciel. Nzâmbi Mpungu l'en laissa tomber *(unsotwele)*. Il vint de Kongo à Mpangu et à Luango. En ce village il fit beaucoup de prodiges. Il prit un pilon et le piqua en terre ; le pilon se mit à croître et devint un *mbota (Milletia versicolor).* Le matin il planta un bananier, à midi le régime sortit ; le soir il était mûr. Il tressa un sac avec des fibres d'ananas et y mit du vin de palme ; il ne s'en écoula pas une goutte. Il prit un autre sac, et le remplit de terre, la (terre devint du sel. Il traversa la rivière Ngufu, et mit le pied sur un rocher (= *tadi di nkwangila)* ; l'empreinte de son pied y resta. Avant de mourir il donna à Mvumbi Mbumhulu des N'kisi très puissants. Après son décès les gens, lui faisant des funérailles, mirent le cadavre ligoté d'étoffes contre la paroi de la hutte. Or voilà qu'un *mbambi* (corne d'antilope façonnée en sifflet) se mit à siffler. Nzala Mpânda se dresse et ressuscite. Mais bientôt il meurt de nouveau. On prépare la fosse et on l'y porte ; quand on veut l'y déposer, il se dresse et remonte au ciel. Quelque temps après, les Anciens du village, regardant le ciel, y voient comme un chemin puis tout à coup l'un d'entre eux s'élève et disparaît les bras étendus. Nzala Mpânda était venu le prendre. C'était à la même époque qu'il y eut une grande éclipse de soleil ; ce jour-là il fit clair et puis aussitôt il fit nuit, et personne ne sortit de sa maison pour aller aux champs. »[36]

6.1   Exégète du mythe de Nzala Mpânda

Les deux personnages principaux de ce mythe sont bien identifiés comme se nommant Nzala Mpânda et Mvumbi Mbumbulu. Cependant, pour le besoin d'une bonne compréhension, il est important de décortiquer le sens profond de ces deux expressions. Les Bakôngo ont un sens poussé de ce que je peux qualifier de « crypto-sémantique », c'est-à-dire un choix de mots dont le sens profond caché ne peut se révéler que par une analyse sémantique basée sur les origines étymologiques de l'expression. Je suis convaincu que les noms Nzala Mpânda et Mvumbi Mbumbulu ne désignent pas des personnes humaines, comme d'aucuns l'ont cru, mais plutôt des états de la civilisation négro-africaine, comme je vais le démontrer par les lignes qui suivent.

---

[36] Van Wing, J., *Etudes Bakongo*, Leopoldville, 1938, pp. 418-419.

6.1.1 Le sens de Nzala Mpânda

Le terme *nzala* vient du verbe *zala* qui veut dire en
kikôngo : être rempli. *Nzala*, le substantif qui provient
du verbe *zala* veut dire le fait d'être rempli ; Bentley en
donne comme définition : « le fait d'être plein ».[37] Au
sens figuré ce terme fait donc allusion à l'apogée.

Mpânda provient du verbe *hânda* qui en *kikôngo*
veut dire : s'initier au mystère ou à l'usage d'un
fétiche. *Mpânda*, le substantif qui en découle prend le
sens de : la manière de s'initier. Au sens figuré
mpânda veut dire la connaissance et le pouvoir que
confère la formation initiatique.

Ainsi, comme je l'ai souligné ci-haut, l'expression
Nzala Mpânda ne désigne-elle pas une personne
humaine historique, un Mwesikôngo qui aurait vécu
dans le passé, mais elle exprime plutôt l'idée de
l'apogée du savoir et du pouvoir initiatique chez les
négro-africains.

6.1.2 Autres interprétations de *nzala mpânda*

Mon interprétation de l'expression « *nzala
mpânda* » n'est pas la première tentative de l'histoire ;
d'autres personnes avant moi ont eu à réfléchir sur le

---

[37] «Nzala, 2, n., a being full. » Voir : Bentley, H., *Dictionary
and grammar of the kôngo language.*

fameux mythe *kôngo* et ont donné des interprétations qui vont dans le sens de la cosmogonie.

6.1.2.1 L'interprétation de Lusala lu Ne Nkuka

Dans son article intitulé *les Traces de dieu dans les cultures*, le Professeur Lusala, qui est le premier à avoir proposé une interprétation du mythe qui fait l'objet de mon étude dans ce chapitre, affirme concernant le personnage de Nzala Mpânda que : « Le Dieu-parmi-les-hommes s'appelle Osiris chez les anciens Egyptiens, Gueno chez les Peuls, Obatala chez les Yoruba, Kiranga ou Ryangombe dans la région de grands lacs et Nzala Mpânda chez les Bakongo. »[38]

Il est clair que mon interprétation du mythe de Nzala Mpânda fait ressortir un autre sens de ce terme que celui soutenu par le professeur Lusala. Quant à la vision *kôngo* du Christ, j'ai démontré dans mon livre intitulé la *Religion kôngo*[39] que la notion chrétienne de Dieu parmi les hommes équivaut plutôt à la notion *kôngo* du Kimahûngu ; ainsi Osiris, l'Enfant de Dieu, à pour équivalent dans la tradition *kôngo* : Mahûngu, l'homme en qui réside le Kimahûngu, la complétude de Dieu en Son image.

----

[38] Lusala lu Ne Nkuka, « les Traces de dieu dans les cultures » in *Congo nova*, http://www.congonova.org.

[39] Kiatezua Lubânzadio Luyaluka, *la Religion kôngo*, Paris : l'Harmattan, 2010.

6.1.2.2 L'interprétation de Nkusu Kiambu

Une autre tentative d'interprétation de l'expression
« nzala mpânda » est celle fournie par Nkusu Kiambu,
le Chef Spirituel de Vuvamu[40], au cours d'une
émission de télévision.[41] Pour Nkusu, Nzala Mpânda
est le premier ancêtre de l'homme *kôngo* ; son nom
veut dire littéralement « ongle de l'alliance » et a trait à
l'alliance sacrée conclue entre Nzâmbi Ampûngu et ce
Mukôngo originel.

Cet argument du Chef Spirituel de Vuvamu ne
résiste pas à l'analyse ethnolinguistique. En effet,
l'ongle est appelé en *kikôngo : luzala*. Le pluriel de ce
terme est *nzala*. Ainsi, en suivant l'idée de Nkusu,
traduirait-on notre expression plutôt par « les ongles
de l'alliance ». Si Nkusu mets le terme « ongle » au
singulier et ignore sciemment le fait que *nzala* est au
pluriel, c'est qu'il est conscient de deux éléments :

- L'ongle dans le *kikôngo* moderne fait allusion,
  au sens figuré, à la signature.

---

[40] Vuvamu est un mouvement religieux d'éveil de conscience
de la race noire, prônant le retour à la religion négro-africaine,
comme seule issue pour le développement de l'homme noir. Ce
mouvement est basé à Kinshasa.

[41] Il s'agit de l'émission « Identité particulière » de Joseph
Kabongo d'Antenne A, une chaine de télévision de Kinshasa.

- S'il y avait eu une alliance entre Dieu et l'homme, la seule signature qu'il y aurait eue est celle de l'homme, car Dieu est un Esprit.

Cependant, la traduction littérale « les ongles de l'alliance » implique qu'il y avait plusieurs signatures, celle de l'homme et celle d'un conclave des Dieux peut être. Ce qui est bien sûr une aberration ; surtout lorsque l'on considère que ce n'est pas par une signature que les Besikôngo scellaient leurs alliances traditionnellement, mais par les mariages et les échanges de cadeaux. Quand Ne Lukeni, le fondateur du Royaume Kôngo conclut une alliance avec Nsaku Ne Vunda, il épousa la nièce de ce dernier. Qui plus est, le terme *mpânda* en kikôngo ne veut pas dire alliance, comme je l'ai montré ci-haut.

6.1.3 Interprétations partielles

Outre ce qui vient d'être dit ci-haut, l'interprétation de professeur Lusala et celle du chef spirituel de Vuvamu sont partielles en ce qui concerne le mythe ; elles ne nous donnent que la tentative d'explication du terme *nzala mpânda* et passent sous silence tous les autres aspects du mythe : le Mvumbi Mbumbulu, l'éclipse, le n'kisi, l'empreinte du pied de Nzala Mpanda, etc.

Force m'est donc de conclure que mon interprétation est la seule, à ce jour, qui soit complète et plus conforme à l'analyse ethnolinguistique : Le Nzala Mpânda ne fait pas allusion à la cosmogonie *kôngo*, ce n'est pas un être humain, mais l'apogée du pouvoir initiatique.

6.1.4 Le sens de Mvumbi Mbumbulu

Le mot *kikôngo mvûmbi* désigne le cadavre humain. Cependant, je pense que ce n'est pas le sens qui est évoqué dans ce mythe, car donner un fétiche à un cadavre n'a aucun sens ; le cadavre ne peut pas agir, d'où il ne peut pas se servir d'un fétiche, si puissant soit-il. Je pense donc qu'il y a vraiment ici une confusion sémantique ; la dénotation qui doit être employée dans le cas de notre mythe est *m'vûmbi.* La confusion, à mon sens, peut être expliquée de deux manières : soit l'usage a fini par substituer un sens qui n'était pas approprié, soit encore l'auteur (van Wing) qui n'utilise pas les accents dans l'écriture du *kikôngo* écrit de la même façon les deux mots qui deviennent alors des homonymes, et il crée du coup un quiproquo.

M'vûmbi désigne une pluie intermittente qui met du temps pour s'arrêter définitivement. La *m'vûmbi* peut durer plusieurs jours et nuits, une femme *muesikôngo* m'a parlé d'une *m'vûmbi* qu'elle a vécu dans son village et qui, selon ses souvenances, a duré environ quatre jours successifs, paralysant les activités champêtres. Les *m'vùmbi* causent donc le ralentissement de l'activité chez les Bakôngo. Le terme *M'vûmbi* dans le mythe de Nzala Mpânda fait donc allusion à une période d'activité initiatique réduite, a une baisse du savoir et du pouvoir initiatique chez les Négro-africains.

Le terme *mbûmbulu* vient du verbe *kikôngo bumbula*. Définissant ce verbe Bentley dans son dictionnaire du *kikôngo* écrit : « Chercher difficilement son chemin (comme pendant la nuit ou comme un aveugle). »[42] Ce sens s'allie très bien avec celui de *m'vûmbi* pour signifier : une longue période d'activé réduite suite à un égarement dans l'enténèbrement. Et ceci est plausible surtout lorsque l'on apprend qu'une « nuit » causée par une éclipse fait partie de notre mythe.

6.1.5 Le sens de l'éclipse

L'un des éléments qui font partie de la scène décrite dans le mythe de Nzala Mpânda est une éclipse. Cette image fait allusion à un passage d'une base épistémologique à une autre ; la transition de l'épistémologie solaire à l'épistémologie lunaire.

Je montre dans mon livre *les Bases épistémologiques du savoir négro-africain* que les Blancs et les Noirs n'utilisent pas la même base épistémologique. Il y a deux principales approches qui s'offrent à l'homme dans l'acquisition de la connaissance : l'approche lunaire et l'approche solaire.

---

[42] « Bumbula, v.i., to grope about (in the dark or as a blind man). » Selon Bentley, H., *Dictionary and grammar of the kôngo language*.

Dans l'approche lunaire la pensée est focalisée sur la matière. Cette approche s'appuie sur la raison humaine comme source essentielle du savoir. L'approche lunaire rejette tout ce qui n'est pas fondé sur la raison rationaliste comme étant superstitieuse.

L'approche solaire est l'approche par excellence de l'homme négro-africain. Sa caractéristique est une pensée tournée vers les cieux, vers les humanités supérieures. La vérité est donc perçue comme étant essentiellement une révélation. L'approche solaire met l'accent sur la liberté de l'âme ; ainsi les oracles jouent-ils un grand rôle dans cette approche contrairement à l'approche lunaire.

L'éclipse lunaire, symbolise donc la suprématie temporaire de l'approche lunaire sur l'approche solaire qui elle est plus efficace et qui est plus appropriée au Négro-africain. Cette éclipse implique donc un enténèbrement temporaire du Négro-africain, enténèbrement qui implique une activité réduite de son savoir et de son pouvoir initiatiques suite à l'adoption de paradigmes étrangers et inappropriés à la tradition profonde de l'homme noir.

6.2 Explication du mythe

Le mythe de Nzala Mpânda est donc une explication de l'origine de fétiches en tant que *n'kisi* humain. Le mythe nous explique d'abord que l'apogée du savoir et du pouvoir initiatiques chez les Négro-africains, personnifié dans le mythe sous le nom de Nzala Mpânda, était le résultat d'une grâce divine accordée à leurs ancêtres car : c'est Dieu qui a fait descendre le Nzala Mpânda sur la terre : « Nzala Mpânda est venu du ciel. Nzâmbi Mpungu l'en laissa tomber. »

Ainsi, grâce à leur système initiatique qui mettait Dieu au centre de tout, conformément à la pensée solaire, nos ancêtres ont atteint un niveau élevé de connaissance et de pouvoir. Arrivés à cet apogée, ils ont effectué de nombreuses prouesses technologiques. Ces prouesses sont symbolisées dans le mythe par le fait que Nzala Mpânda « prit un pilon et le piqua en terre ; le pilon se mit à croître et devint un *lubota* (*Milletia versicolor*). Le matin il planta un bananier, à midi le régime sortit ; le soir il était mûr. Il tressa un sac avec des fibres d'ananas et y mit du vin de palme ; il ne s'en écoula pas une goutte ».

Tout ces exploits semblent miraculeux et hors du domaine de l'application de la science pour la pensée lunaire. Mais il faut se souvenir que l'homme noir jusque là évoluait encore spirituellement et scientifiquement dans son épistémologie, qui est de nature solaire. Ces exploits sont donc conformes à une technologie basée sur un système de pensée où la religion et la science mettent Dieu au centre de leurs activités, une technologie plus efficace, quoiqu'elle utilise moins la matière.

Le mythe nous apprend aussi que les exploits réalisés par les ancêtres ont laissé des traces indélébiles, car Nzala Mpânda « mit le pied sur un rocher (= *tadi di nkwangila*) ; l'empreinte de son pied y resta ». Cette empreinte est donc destinée à servir de témoignages aux générations à venir, et certainement elle sert aussi à les pousser dans la voie de la haute spiritualité qui est à la base des exploits de Nzala Mpânda. Mais l'empreinte était laissée aussi dans le but de susciter en ces générations le besoin de se surpasser, de sortir de l'enlisement actuel de leur civilisation.

Il en est des civilisations comme des hommes mortels ; après l'exercice intense de leurs activités physiques les hommes doivent se reposer pour se ressourcer, les civilisations aussi disparaissent ou elles passent par une hibernation qui leur permet de se refaire les forces en vue de reprendre leur activité intense plus tard. Les anciens Négro-africains savaient donc que leur civilisation allait passer par ce moment d'hibernation culturelle dont la phase finale est symbolisée dans le mythe par la nuit qui provient de l'éclipse.

Mais, contrairement à l'attente des gens, Nzala Mpânda, l'arrivée de l'apogée de prouesses de la pensée solaire, n'était pas un événement sans lendemain, ceux qui le donnaient pour mort se trompaient bel et bien dans leur supputations. Car bientôt, nous dit le mythe, Nzala Mpânda reprit encore vie pendant une courte période de temps.

6.3 Le Nzala Mpânda dans le temps

Le mythe de Nzala Mpânda nous apprend donc qu'il y a eu deux apogées du savoir et du pouvoir initiatiques chez les Négro-africains : le grand et le petit. Il est donc question de situer ces deux avènements dans le temps. Van Wing nous assiste dans cette démarche quand il nous montre l'existence de mythes similaires chez d'autres peuples négro-africains outre les Bakôngo ; nous pouvons lire dans son livre à ce sujet :

« Torrend a recueilli une légende pareille chez les Batonga. Ce Mpande est un Fis de Dieu. Il vit dans les airs, dans l'arc-en-ciel. Il prit une fois Monze, quand celui-ci n'était encore qu'un bébé. Il l'a fait voler et demeurer dans les airs. Après il le fit descendre, il tomba avec un bruit po !, et dit : « j'apporte la pluie », etc.

« Le P. Casset à son tour a noté une variante[43] de la même légende : « Un Monze, dit-on, a été transporté au ciel après sa mort, laissant l'empreinte de ses pieds sur un roc près de la rivière Magoye. Mais cette empreinte n'est pas visible à tous. L'esprit

---

[43] *Le sorcier de la pluie chez les Batonga* (Echo d'Afrique, octobre 1910, p. 150).

de ce Monze passa à un autre, qui hérita le pouvoir de faire pleuvoir ». »[44]

Ces mythes dont parle Torrend et Casset ont été recueillis parmi les Tongas (ou Batonga), un peuple d'Afrique australe. Les Batonga forment l'un des plus importants groupes ethniques du sud de la Zambie. On les trouve également au Zimbabwe et au Malawi.

Cette existence de mythes similaires chez d'autres peuples négro-africains est une preuve que les avènements des apogées de la pensée solaire, dont le mythe de Nzala Mpânda fait allusion, ont eu lieu avant la constitution du Royaume Kôngo. Ceci me pousse donc à formuler l'hypothèse suivante : en considérant l'hypothèse d'une migration des Bantous par l'est de l'Afrique jusqu'au sud et leur remontée vers le bassin du Congo par la côte ouest, le premier avènement du Nzala Mpânda (l'apogée de la pensée solaire négro-africaine) a eu lieu en Egypte, suivi plus tard de l'avènement d'un apogée plus sommaire au Monomotapa.

6.4 La remise de fétiches à M'vûmbi Mbumbulu

Le M'vûmbi Mbumbulu, l'égarement des Bantous et l'hibernation de leurs civilisations, a commencé avec la dispersion des tribus à partir du Zimbabwe, suivi de

---

[44] Van Wing, J., *Etudes Bakongo*, Léopoldville, 1938. p. 419.

l'éclipse qui a commencé avec l'arrivée des Arabes et des Occidentaux sur le continent ; car cette irruption des civilisations lunaires à forcé les Noirs à l'abandon des valeurs solaires.

Il y avait donc nécessité de préparer la progéniture pour sa survie pendant cette période d'activité initiatique tempérée ayant comme conséquence l'absence du Nzala Mpânda. Ainsi, puisque le grand savoir et le grand pouvoir initiatiques qui avaient fait la gloire des ancêtres au Nzala Mpânda seront en veilleuse fallait-il laisser à l'humanité une approche de pouvoir plus simple, mais palliative : le fétiche qui découle de la transmission du pouvoir divin par la simple foi. Pour ce faire, Nzala Mpânda remit donc à M'vûmbi Mbumbulu des fétiches très puissants. Mais, il faut reconnaitre que quoique très puissants, ces fétiches ne peuvent jamais égaler le *n'kisi* divin de Nzala Mpânda, ils ne peuvent donc pas accomplir toutes ses prouesses.

6.5 L'Afrique de l'éclipse

Et bientôt c'est l'éclipse qui s'abat sur la nation négro-africaine ; les Noirs s'égarent dans la domination de la pensée lunaire et ne savent plus retrouver leur chemin : ils sont dans la confusion, le chaos et voire l'immobilisme, si pas la régression. L'homme noir à force de singer l'Occidental et l'Arable n'est ni un Blanc à peau noir, ni un vrai Noir ; il a perdu toute identité négro-africaine et ne sait plus se situer. Et cette situation malheureuse ne fait que le reléguer au dernier plan de l'activité scientifique et technologique : son nom est donc M'vûmbi Mbumbulu, ce qui caractérise bien l'état de celui qui est égaré dans une nuit d'activité réduite.

Cependant, comme à toute règle correspond des exceptions, il se trouve dans le M'vûmbi Mbumbulu des gens qui se souviennent encore de la voie solaire, la voie suivie par leurs ancêtres. Le mythe nous apprend que fixant leur regard solidement vers les cieux, vers la demeure des ancêtres-illuminés, c'est-à-dire, s'accrochant à l'approche solaire, ces visionnaires « y voient comme un chemin puis tout à coup » l'un d'entre eux « s'élève et disparait les bras étendus. Nzala Mpânda était venu le prendre » ; ces visionnaires ont finalement trouvé la voie de leurs ancêtres, la voie de la haute spiritualité négro-africaine, cette spiritualité qui est la clé du Nzala Mpânda.

Ces visionnaires, étoiles solitaires dans le firmament enténébré, indiquant le pôle de la haute spiritualité afrocentrique, ont le devoir de préparer leurs frères négro-africains pour qu'ils puissent sortir de l'esclavage de la civilisation lunaire, et retrouver la voie menant au futur Nzala Mpânda ; car nous dit le mythe, bien qu'il mourut pour une deuxième fois, Nzala Mpânda était finalement ressuscité et il était remonté vers les ancêtres d'où il reviendra encore un jour pour aider l'humanité négro-africaine qui, actuellement, est totalement enténébrée.

6.6   Le Nzala Mpânda au troisième millénaire

C'est cet avènement future du Nzala Mpânda qui
été prophétisé par le grand Messie noir, le prophète
Simon Kimbangu, en ces termes : « L'homme noir
deviendra blanc et l'homme blanc deviendra noir. Car
les fondements spirituels et moraux, tels que nous les
connaissons aujourd'hui, seront profondément
ébranlés. Les guerres persisteront à travers le monde.
Le Kôngo sera libre et l'Afrique aussi. »[45] Le grand
prophète *kôngo* nous append donc que le prochain
avènement du Nzala Mpânda est un événement
imminent qui attend notre génération, selon la
préscience *kôngo*.

---

[45] Kiatezua Lubanzadio Luyaluka, *la Religion kôngo*, Paris:
l'Harmattan, 2010, p. 147.

7   LEÇONS TIREES DU MYTHE

Le mythe de Nzala Mpânda nous permet de tirer plusieurs leçons ; celles-ci concernent l'origine de fétiches, leur nature temporaire, et leur destinée qui s'inscrit dans le cadre de leur abandon au profit de l'éveil de la haute spiritualité négro-africaine ; cette spiritualité est la clé du Nzala Mpânda. Le mythe nous montre aussi la nature éphémère et limitée de la pensée lunaire dans laquelle l'homme noir se trouve aujourd'hui embourbé.

7.1   Les fétiches viennent du mystère divin

Après avoir exposé le mythe, van Wing tire sa propre conclusion en affirmant que : « D'une certaine façon on pourrait dire que ce mythe n'est qu'une expression romancée de la pensée que m'ont exprimée beaucoup de vieillards interrogés sur l'origine de *min'kisi* : « c'est Nzâmbi qui a donné les *n'kisi* [humain, les fétiches,] à nos Anciens ».[46]

Ainsi, donc comme je l'ai souligné ci-dessus et conformément à la tradition profonde, le mythe de Nzala Mpânda nous apprend que les fétiches tirent leur origine dans le mystère divin. Cependant dans

---

[46] Van Wing, J., *Etudes Bakongo*, Léopoldville, 1938. pp. 419-420.

l'esprit des Anciens, l'usage de fétiches doit se circonscrire dans le temps.

7.2 Les fétiches sont temporaires

Les fétiches sont donc un moyen temporaire et palliatif, que le besoin de la croissance spirituelle, nous oblige aujourd'hui à abandonner, c'est l'une des conditions pour que les Négro-africains revivent le Nzala Mpânda, ils doivent mettre leur confiance totalement dans le Dieu Très-haut qu'ont servi leurs ancêtres illuminés et non dans les *min'kisi* humains et démoniaques et cette nécessité est encore plus urgente pour leur élite.

Il est évident que le mystère divin et le démoniaque ne peuvent pas s'allier. Ainsi une civilisation matérialiste, comme l'occidentale, est basée sur le couple humain-démoniaque, pendant que la civilisation Kôngo basée sur la spiritualité s'ancrait dans le couple divin-humain.

D'où, l'action de la spiritualité n'est pas la destruction des éléments humains, mais leur élévation. Le vrai mystère divin africain travaille à l'élévation morale de l'usage du *n'kisi* humain et à la destruction du *n'kisi* démoniaque, parce que ce dernier ne peut être que d'un usage négatif. Cependant, cette action ne peut être efficace que si l'élite spirituelle abandonne l'usage, même palliatif du fétiche humain pour ancrer fermement sa foi dans le divin.

Van Wing nous montre que la nécessité de l'abandon de fétiches était bien compris par les Bakôngo. La première preuve que l'on peut tirer de l'étude de van Wing sur la compréhension de la nécessité de cet abandon est que les grandes figures de la tradition spirituelle *kôngo* de l'époque du M'vûmbi Mbumbulu, notamment maman Apolonia Mafuta, Kimpa Vita[47] et Simon Kimbangu, ont tous préconisé l'abandon de *min'kisi* et les masses qui les suivaient obtempéraient sans hésiter.

A propos de l'abandon de *min'kisi* Van Wing remarque : « Quand Kimbangu, reconnu sauveur de son peuple, imposa la destruction de *min'kisi*, il fut obéi non seulement par ses adhérents conscients mais par des populations entières, qui n'avaient aucun contact direct avec lui et les siens. Et avant lui, lors du mouvement Kiyoka déclenché dans le Nord de l'Angola vers 1872, tous les fétiches furent brûlés (*yoka*) avec enthousiasme. »[48]

Le peuple *kôngo* comprenait donc que les fétiches étaient destinés à être abandonnés un jour. Mais les Bakôngo savaient que, à contrario, le mystère divin et ses cultes rendus à Nzâmbi Ampûngu Tulêndo par l'intercession des ancêtres-saints ne devaient jamais

---

[47] Margaret Washington, *Le Legs universel de Kimpa Vita aux peuples noirs*, http /pbs.org/wgbh/aia/part1/1i3077.
[48] Van Wing, J., *Etudes Bakongo*, Léopoldville, 1938. p. 422.

être abandonnés. Et même dans les cas où ils ont malheureusement accepté de les abandonner Van Wing souligne les réticences des Noirs en ces termes : « C'était une affaire capitale, exigeant négociations et explications sans fin, d'enterrer la corbeille des ancêtres ! »[49] Ces réticences de Besikôngo se justifient dans la mesure où la corbeille des ancêtres (*lukobi lua bakulu*) symbolisait la religion multiséculaire leur léguée par les Anciens, ce qui n'est pas le cas pour les fétiches.

Il est possible que cette compréhension de la nécessité et de l'imminence de l'abandon de tout *min'kisi* par l'élite spirituelle et des *min'kisi* démoniaques par tous le monde ait été l'élément qui a poussé certains rois *kôngo* à abandonner facilement leurs fétiches pour embrasser la foi chrétienne.

7.3   La pensée lunaire est une limitation

Une autre grande leçon que le mythe de Nzala Mpânda nous enseigne sur le plan philosophique est que la pensée lunaire, dans laquelle l'homme négro-africain se trouve aujourd'hui embourbé, n'est qu'une grande limitation du savoir et du pouvoir de nature épistémologique. La pensée lunaire ne peut donc jamais égaler les prouesses qui nous attendent si

---

[49] Van Wing, J., *Etudes Bakôngo*, Léopoldville, 1938, p. 421.

nous revenons à la pensée solaire. Mais nous ne pouvons pas revenir à la pensée solaire tant que nous nous embourbons dans une approche épistémologique (l'approche occidentale) qui n'est pas adaptée à notre mentalité profonde.

Ce mythe implique aussi que le règne de fétiches étant palliatif, ceux-ci sont appelés à disparaitre pour laisser la place à la haute science solaire. L'homme de science et le philosophe négro-africains doivent donc se préparer à l'avènement de la pensée solaire, et travailler à comprendre les bases épistémologiques de cette pensée qui sont différentes de celles de la pensée lunaire qui aujourd'hui nous fascine faute d'une connaissance suffisante de notre propre culture épistémologique.

Le nouvel avènement de la pensée solaire, exige de l'homme noir l'abandon du fétichisme au profit de l'exercice de la haute spiritualité négro-africaine. Voilà pourquoi les grandes figurent de l'initiation négro-africaine de notre temps (Apolonia Mafuta, Kimpa Vita, Simon Kimbangu, etc.) ont tous travaillé à convaincre leurs frères de race d'abandonner les fétiches au profit de la vraie religion de leurs ancêtres.

8   LE NZALA MPÂNDA EN EGYPTE

L'interprétation du mythe de Nzala Mpânda, telle que je viens de l'exposer, peut bien s'intégrer avec d'autres éléments de l'histoire de l'Ancienne Egypte et de la migration des peuples bantous ; surtout lorsque l'on considère cette migration selon l'hypothèse soutenue par Batshikama et al, hypothèse selon laquelle celle-ci à eu lieu de l'est vers le sud du continent en remontant enfin par l'ouest jusqu'au centre de l'Afrique.

Batshikama affirme les origines égyptiennes des Bantous en ces termes : « Parmi les peuples sémites, continue D. P. De Pedrals, figuraient en outre les Hébreux (Khabir), ou Israélite. Certains dans des conditions universellement connues, s'établissent en Egypte ; d'autres, plus tard, figurent en Ethiopie. Mais tandis que les seconds à la faveur de l'union dynastique de la Makkeda et de Salomon, répandent les croyances et les institutions juives et font de l'Ethiopie un actif partenaire des entreprises des rois de Jérusalem et de Tyr, les autres ont dû, en raison sans doute d'un échec de desseins de même ordre, se replier d'Egypte et faire retour au pays d'origine. Et l'auteur de conclure : cette invasion orientale ayant provoqué la remontée de certaines tribus noires sur la Nubie et aux portes mêmes du royaume de Thèbes, fut sans doute, en effet, la cause également du grand ébranlement qui allait porter à la rencontre des Pygmées, Boshimans et Hottentots primitifs, les populations noires dont l'actuel bloc appelé Bantou tire vraisemblablement son origine. »[50]

C'est donc partant de cette hypothèse d'une origine Egyptienne des Bantous que je vais expliciter les deux avènements du Nzala Mpânda, l'apogée du savoir et du pouvoir initiatiques négro-africains ; bien que je vais montrer plus loin que les Israelites ne proviennent pas des Hébreux.

8.1 Les mystères de l'Egypte

L'une des premières implications de cette interprétation du mythe de Nzala Mpânda en rapport avec l'histoire de l'Egypte ancienne est qu'il y avait en Egypte un système d'éducation de type initiatique dans lequel trônait le mystère divin. Car le mystère divin est la clé du Nzala Mpânda, comme je l'ai souligné ci-haut.

L'hypothèse de l'existence de deux mystères en Egypte ne fait l'ombre d'aucun doute parmi les Egyptologues. Ils font tous allusion à l'existence de grands et de petits mystères sur la terre des Pharaons. Parlant de l'existence de ces deux mystères Massey souligne que : « Les plus grands

---

[50] Batshikama ba Mampuya ma Ndwala, R., *Voici les Jagas*, Kinshasa, 1971, p. 267.

mystères étaient eschatologiques et religieux. »[51] Le grand mystère était un mystère qui préparait les prophètes du mystère divin, ce qui se traduit aussi par l'importance des oracles dans le système égyptien.

Ainsi, à la différence du grand mystère, les petits mystères s'occupaient-ils de tous les aspects de la science destinés à faciliter la vie à la population et à la protéger. Bien que centrés toujours sur le divin, les petits mystères regroupaient en fait tous les savoirs humains.

Cette division me permet d'affirmer avec certitude qu'il existait en définitive trois mystères en Egypte : le mystère divin, le mystère martial et le mystère civil. Cette affirmation ne contredit pas cependant les Egyptologues lorsqu'ils soulignent l'existence du grand et du petit mystère en Egypte ; car l'Egyptologie reconnait que les militaires formaient une caste à part. Maspero dans son livre sur l'Egypte affirme : « Le pouvoir de Pharaon et de ses barons reposait entièrement sur ces deux classes, les prêtres et les soldats. »[52] On peut aussi lire ceci dans le livre *Ancient Egypt* de Rawlinson : « Chaque été [le Pharaon] visitait la place, pour s'assurer que ses

---

[51] Massey, *Ancient Egypt the light of the world*, www.masseiana.org.
[52] Maspero, *History of Egypt Chaldea, Syria, Babylonia, and Assyria*, www.gutenberg.org.

soldats avaient reçu leur provision de céréale et leur solde, aussi bien que pour superviser les exercices militaires, afin que les étrangers puissent les respecter. »[53]

Parlant des avantages des soldats en Egypte, Hérodote abonde dans le même sens et affirme d'eux que : « Le privilège suivant était accordé à cette classe et à aucune autre classe d'Egyptien à part les prêtres ; c'est dire que chaque homme avait douze pairs de terre spécialement accordées à lui gratuitement et sans imposition [fiscale]. »[54]

Ce souci du Pharaon pour ses soldats et le fait que ceux-ci formaient une classe très importante à côté des prêtres, accouplé à la nature initiatique de la formation qu'offrait le système d'éducation Egyptiens, me permet de soutenir, qu'à l'instar des prêtres, les soldats formaient, dans le petit mystère, une caste initiatique distincte.

Ainsi, puis-je conclure que dans le petit mystère il y avait le mystère martial et le mystère civil, comme on l'a vu dans le système initiatique du Royaume Kôngo. Le grand mystère, le mystère martial et le mystère civil formaient donc les trois faces de la pyramide

---

[53] Rawlinson, G., *Ancient Egyt*, www.gutenberg.org.
[54] Hérodote, *An account of Egypt*, www.gutenberg.org.

tétraédrique du savoir et du pouvoir initiatiques égyptiens.

8.2   Le Nzala Mpânda en Egypte

La présence de ces trois mystères était essentielle au progrès de l'Egypte, ainsi coupé de la quintessence du mystère sacerdotal l'Egypte ne pouvait que sombrer dans la faiblesse comme l'histoire l'illustre en devenant victime des Assyriens premièrement et des Grecs finalement.

A mon hypothèse donc, le premier Nzala Mpânda a eu lieu en Egypte, comme j'ai souligné ci-haut. Mackenzie me conforte dans cette affirmation car il écrit : « Quand « l'aiguille de Cléopâtre » était érigée par Thoutmosis III, le Conquérant, et le précurseur d'Alexandre le Grand et de Napoléon, la civilisation égyptienne avait atteint son apogée. »[55] C'est donc le premier des deux apogées dont parle le mythe de Nzala Mpânda ; car j'ai démontré que les événements dont parle le mythe ont eu lieu avant la constitution du Royaume Kôngo et en des lieux qui réunissaient les tribus bantoues, il est donc aisé d'affirmer que ces lieux ne peuvent être que le Zimbabwe ou l'Egypte qui sont les deux grands foyers de peuplement des

---

[55]   Donald Mackenzie, *Egyptian Myth and Legend*, www.sacred-texts.com.

Bantous avant leur dernière dispersion précédant celle de l'esclavage.

9   LE PAYS DE PUNT

L'une des énigmes auxquelles les égyptologues font face est le pays de Punt[56] dont parle l'histoire de l'ancienne Egypte. Avant le règne du pharaon Thoutmosis III, règne pendant lequel l'Egypte a atteint son apogée, la régence était entre les mains de la reine Hatshepsout[57]. L'un des faits qui marquèrent cette régence est l'envoie d'une expédition au pays de Punt, mais l'emplacement de ce pays mythique est un sujet de divergence parmi les spécialistes de l'histoire de l'ancienne Egypte.

Parlant de ce voyage Rawlinson affirme que la flotte leva l'ancre et « porté par les vents favorables, lesquels étaient attribués à sa gracieuse majesté Ammon, ils atteignirent leur destination, la Taneter, ou « la Terre Sainte » -la demeure de Athor, » et peut être le foyer originel d'Ammon lui-même, sans accident ni difficulté sérieuse ».[58]

Il est à noter que le pays de Punt est appelé, dans le récit de l'expédition de Hatshepsout, la « Terre Sainte »[59], il est la demeure du Dieu Hathor, et est

---

[56] Certains auteurs disent Puanit ou Puanta.
[57] Certains auteurs écrivent plutôt Hatasu.
[58] Rawlinson, G., *Ancient Egyt,* www.gutenberg.org.
[59] Diop dans *Antériorité des civilisations nègres* (p.55) traduit se terme par To-noutir et explique cette expression comme

supposé être le berceau du Dieu Ammon. Maspero souligne que : « En outre, le mot Punt est toujours écrit sans le hiéroglyphe déterminatif d'un pays étranger, montrant ainsi que les Egyptiens ne regardaient pas les habitants de Punt comme des étrangers. »[60] Ceci montre que le Punt, aux yeux des Egyptiens, était donc habité par des gens qui avaient avec eux un lien étroit au point de ne pas être considérés comme des étrangers ; c'était donc la population souche d'où sont partis leurs ancêtres.

Ici je peux faire une digression en soulignant que la Bible dans ses récits affirme au sixième verset du dixième chapitre de la Genèse : « Les fils de Cham furent : Cusch, Mitsraïm, Puth et Canaan. » Nous savons que Cush est l'actuel Soudan, Mistraïm est le nom biblique de l'Egypte et Puth (ou punt) est présenté comme étant son frère ; voilà ce qui explique encore plus clairement le fait que les Egyptiens ne considéraient pas les habitants de Punt comme des étrangers : c'était leurs frères au même titre que les Nubiens.

Parlant des habitants de Punt Maspero les décrit comme ressemblant aux Egyptiens de la manière

---

signifiant « terre des Dieux », cependant même dans cette dénotation on fait allusion à une terre sainte.

[60] Maspero, *History of Egypt Chaldea, Syria, Babylonia, and Assyria*, www.gutenberg.org.

suivante : « les indigènes appartenaient à une race de couleur claire, et les portraits que nous possédons d'eux ressemblent au type égyptien dans les moindres détails. Ils étaient grands et minces, et d'une couleur qui varie entre le rouge de brique et le brun. Le plus sombre. »[61]

Cependant, pour mieux comprendre l'importance de l'affirmation de Rawlinson selon laquelle le Punt est la « demeure du Dieu Hathor », le « lieu d'origine du Dieu Ammon », il faut d'abord appréhender la notion de la divinité dans la religion d'Egypte.

Contrairement à ce que plusieurs égyptologues affirment, la conception Egyptienne de Dieu impliquait la croyance en une hiérarchie des divinités au-dessus de laquelle se trouvait un Etre-suprême, le Principe de l'existence, que les Egyptiens n'osaient pas nommer. Faisant peut être allusion à un principe premier de l'existence dans la cosmogonie égyptienne, Cheik Anta Diop parle de Kepher, le principe de devenir qui est antérieur au Dieu créateur Ra.[62]

Dans son livre intitulé *Ancient Egypt,* Rawlinson écrit : « A côté de la religion populaire commune, la

---

[61] Maspero, *History of Egypt Chaldea, Syria, Babylonia, and Assyria,* Vol. 4 www.gutenberg.org.
[62] Cheik Anta Diop, *Antériorité des civilisations nègres,* Présence africaine, Abidjan, 1972, p 217.

croyance des masses, il y avait une autre qui prévalait parmi les prêtres et les gens éduqués. La doctrine première de cette religion ésotérique était une unité essentielle de la nature divine. Le texte sacré, connus seulement des prêtres et des initiés, enseignait qu'il existait un Etre, « la seule cause de toutes choses dans le ciel et sur la terre, et qui n'est causé par rien d'autre », « le seul Dieu vivant, auto-créé, » « qui existe depuis le commencement, » « qui a créé toutes choses, mais n'a pas été créé. » Cet Etre semble ne jamais avoir été représenté sous une forme matérielle ou symbolique. »[63]

Ceux donc qui attribuent le caractère polythéiste à la religion égyptienne le font peut être parce qu'ils jugent cette religion à partir de l'opinion de la masse, plutôt que de partir de l'opinion des élus et de l'élite comme le fait Rawlinson, car cette mauvaise approche est souvent celle que l'anthropologie utilisait dans l'étude des civilisations dites « primitives », et même de toute religion autre que le Christianisme.

Si je suis totalement de l'avis de Rawlinson, je dois cependant, par honnêteté scientifique, faire remarquer une hypothèse contraire à celle-ci, en effet, Archibald Henry Sayce affirme dans son livre *the Religion of ancient Egypt and Babylonia* : « Il y a en effet des monuments littéralement sauvés du naufrage de la

---

[63] Rawlinson, G., *Ancient Egyt,* www.gutenberg.org.

culture égyptienne antique qui incarnent les conceptions les plus élevées et les plus spirituelles de la divinité, et emploie le langage du monothéisme le plus pur. Mais de tels monuments représentent la croyance et les idées cultivées de peu de gens plutôt que des Egyptiens en général, ou même de la majorité des classes instruites. »[64]

Le paradigme de ceux qui ne voient en Egypte que le polythéisme est que le monothéisme qui y est visible n'est que l'opinion d'une certaine élite, si pas une tentative avortée d'Akhenaton, alors que pour avoir une idée de la religion égyptienne il faut s'en tenir à l'opinion de la majorité. Ici la question qui s'impose est la suivante : si un chercheur veut comprendre la pensée profonde d'une religion moderne quelle pensée va-t-il interroger, celle de l'élite ou celle de la masse ? Il va de soi que c'est la pensée de la minorité qui est spécialiste de cette religion qui fera l'objet de l'intérêt du chercheur. Alors pourquoi quand il s'agit d'étudier une religion préchrétienne utilise-t-on le paradigme contraire ? L'Egypte à toujours été une nation monothéiste, voilà pourquoi toutes les religions issues de cette nation, le judaïsme et les religions négro-africaines, sont toutes monothéistes.

---

[64] Sayce, A. H., *the Religion of ancient Egypt and Babylonia*, www.gutenberg.org.

D'aucuns peuvent me poser les questions suivantes : qu'en est-il alors de ce qu'on appelle la reforme d'Akhenaton ? N'était-ce pas une tentative de passer du polythéisme au monothéisme ? Ma réponse à cette dernière interrogation est naturellement négative. L'unicité de l'Etre-suprême n'implique pas l'unicité de la nomenclature des Dieux, comme d'ailleurs on peut l'observer en considérant les ethnies négro-africaines, qui acceptent adorer un même Dieu Très-haut. Ceci implique que, quoique dans la hiérarchie chaque nome d'Egypte avait son Dieu, son esprit protecteur, le même Dieu solaire, le créateur, était désigné sous des noms différents.

Akhenaton, se plaçant au-dessus des considérations d'individualités de nomes, a optait à ce que ses concitoyens invoquent le Dieu Très-haut par l'entremise du Dieu solaire et non chacun par l'entremise du Dieu de sa nome, et sous la seule appellation de Aton. Ainsi, une telle décision ne constituait-elle pas une tentative d'instauration du monothéisme, mais plutôt une tentative d'unification de nomes sous un même esprit protecteur et d'unifier l'appellation du Dieu solaire. C'est ce qui explique aussi le fait que cette prise de position du pharaon Akhenaton n'ait pas survécu à son règne : fondamentalement sa reforme n'apportait rien de nouveau à la religion égyptienne.

Dans la vraie religion égyptienne, au-dessus du Dieu Créateur représenté par le disque solaire se trouvait donc un Etre-suprême, le Principe de l'existence, qui n'était ni nommé, ni représenté par les scribes. Ainsi, ceux que l'on appelle en Egypte les Dieux ne sont-ils que les manifestations de cet Etre-suprême, ce sont donc les ancêtres-saints, pour utiliser un parler proprement africain.

Partant de cette conception de la divinité, Thot, le grand initiateur de la religion osirienne, enseignait aux initiés Egyptiens : « les hommes sont des Dieux mortels et les Dieux sont des hommes immortels. »[65] Le pays de Punt était donc considéré comme la demeure des ancêtres des Egyptiens, et la terre d'où sont partis leurs aïeux pour atteindre les confins de la Méditerranée. Et Punt était la Terre Sainte, ou la terre où pour les Egyptiens « coulent le lait et le miel ». Ainsi, Punt est-il le lieu où les Egyptiens devaient repartir en quittant les bords du Nil.

Comme je l'ai souligné ci-haut, les Egyptologues ne sont pas unanimes sur l'emplacement du pays de Punt. Certains d'entre eux placent ce pays mythique en Arabie, cependant cette hypothèse est contredite par le fait que certains des produits rapportés par l'expédition envoyée par Hatshepsout ne peuvent pas provenir d'Arabie. Rawlinson souligne ce fait en affirmant que : "Punt a été généralement identifié avec le sud de l'Arabie, et c'est certainement en faveur de cette optique que le principal objectif de l'expédition

---

[65] Schuré, E., *les Grands initiés*, Perrin, Paris, 1970, p. 159.

était de se procurer de l'encens et des épices, lesquelles l'Arabie étaient connues comme le grand producteur. Mais parmi les produits de la terre mentionnée sur les inscriptions de Hathepsout, il y en a d'autres que l'Arabie n'avait pas la possibilité de fournir. »[66] Ces produits que l'Arabie n'avait pas la possibilité de fournir comprennent probablement : les pointes d'ivoires, les peaux de léopard, l'ébène...

Une chose est certaine, c'est que le pays de Punt était situé au sud de l'Egypte et pouvait être atteint après plusieurs jours de navigation à travers la Mer Rouge. C'est ainsi que certains égyptologues estiment que le Pays de Punt se trouverait vers la Somalie. Cependant, Cheik Anta Diop place le Punt vers le Zimbabwe[67].

A côté de l'hypothèse de Diop se trouve aussi celle de Massey qui écrit : « Mais la terre de Punt est aussi géographique, et il y avait une tradition égyptienne selon laquelle le pays divin pouvait être atteint en remontant le Nil. Il était dit que dans une région éloignée au sud on débouchait à une des grandes eaux inconnues qui baignait le Puanta ou la terre sainte, Ta-nuter. Nous suggérons que ceci était le plus

---

[66] Rawlinson, G., *Ancient Egyt,* www.gutenberg.org.
[67] Cheik Anta Diop, *Antériorité des civilisations nègres,* Présence africaine, Abidjan, 1972, p 25 b.

proche et le plus large de tous les lacs africains, maintenant connu sous le nom de Victoria[68].»[69]

Par ailleurs, dans un autre livre, Massey affirme que : « Il est possible que les premières origines intellectuelles de la race des Egyptiens eux-mêmes était vers les sources du Nil. »[70] Diop est aussi d'avis que les Egyptiens voyaient le Sud comme le pays de leurs origines ; il soutient cet argument en écrivant des Egyptiens : « Ils se souvenaient encore que leurs ancêtres venaient du sud, comme l'affirment du reste les Ethiopiens. Dans le rituel, le Sud a toujours eu la priorité sur le Nord. L'Egyptien s'orientait en se tournant vers le Sud, le pays d'où sont venus ses Dieux et ses ancêtres. »[71]

Les hypothèses de Diop et de Massey me permettent de conclure que le Pays de Punt ne serait donc autre que le bassin de l'Afrique Centrale, région aux ressources immenses, propre à être décrit comme le pays où « coulent le lait et le miel ». C'est donc du cœur de l'Afrique que les Egyptiens sont partis pour habiter aux bords de la Méditerranée tout en sachant qu'ils retourneraient un jour à leur terre d'origine.

---

[68] Le lac Victoria est actuellement appelé Tanganyika.
[69] Massey, *Ancient Egypt light of the world*, www.masseiana.org.
[70] Massey, *Book of the begining*, www.masseiana.org.
[71] Cheik Anta Diop, *Antériorité des civilisations nègres*, Présence africaine, Abidjan, 1972, p. 54.

Faisant allusion à une ressemblance culturelle entre l'Afrique centrale et le Punt Maspero écrit de la femme du Chef du pays de Punt : « Elle été dotée d'un type de beauté admirée par le peuple de l'Afrique centrale, étant si démesurément grasse que la forme de son corps était à peine reconnaissable sous les rouleaux de chair qui pendaient d'elle. »[72]

Je pense donc que l'expédition de Hatshepsout vers le Zimbabwe préparait un exode des Egyptiens vers le sud, vers le cœur de l'Afrique. Cet exode marque donc la fin du premier Nzala Mpânda. Et, ainsi que je l'ai dit ci-haut, Mackenzie abonde dans le même sens puisqu'il écrit : « Quand « l'aiguille de Cléopâtre » était érigée par Thoutmosis III, le Conquérant, et le précurseur d'Alexandre le Grand et de Napoléon, la civilisation égyptienne avait atteint son apogée. »[73] Or Thoutmosis a régné juste après Hatshepsout.

En outre les fouilles archéologiques ont révélé la présence dans la région du Zimbabwe des éléments appartenant à la civilisation égyptienne. Diop écrit à ce sujet : « Une statuette d'Osiris a été trouvée au Congo

---

[72] Maspero, *History of Egypt Chaldea, Syria, Babylonia, and Assyria*, Vol. 4 www.gutenberg.org.
[73] Donald Mackenzie, *Egyptian Myth and Legend*, www.sacred-texts.com.

« Léo »[74,] à Mulongo et datant de -800 environ. Une autre statuette d'Osiris avec cartouche de Thoutmes III (-1450) a été trouvée aussi au sud du Zambèze. »[75]

Les Egyptiens, conscients du fait que le sommeil de leur puissance initiatique qui allait s'ensuivre était temporaire, qu'il sera suivi de l'avènement d'un second Nzala Mpânda, et étant au courant de la grande hibernation qui leur attendait à l'horizon, ont donc décidé de cacher ce qu'ils avaient de plus précieux : le mystère divin. Ils se sont donc consciemment préparés à l'arrêt de la suprématie de leur savoir et de leur pouvoir, comme un homme sécurise ses biens avant de s'endormir.

Il est normal de postuler une telle sagesse et une telle prescience de la part des Egyptiens car depuis longtemps Thot, le grand initiateur de toute leur sagesse, leur avait enseigné que : « Dans l'époque qui viendra, on verra un renversement de valeurs et une altération de la sagesse pour ceux qui prendront ta place sur cette étoile. (...)

« Plusieurs qui sont enchaînés dans les ténèbres vont tenter d'en empêcher d'autres de s'élever vers la

---

[74] L'actuel République démocratique du Congo.
[75] Cheik Anta Diop, *Antériorité des civilisations nègres*, Présence africaine, Abidjan, 1972, p. 55.

clarté. Ce qui causera une grande guerre qui fera trembler la Terre et l'ébranler dans sa course.

« Les Frères de l'obscurité vont provoquer un conflit entre la lumière et la nuit. »[76]

La sagesse des Egyptiens était donc dictée par le souci de se préparer pour ce conflit entre la lumière et la nuit, entre la pensée solaire et la pensée lunaire, conflit symbolisé dans le mythe de Nzala Mpända par l'éclipse[77]. C'est de ce conflit final que le prophète Simon Kimbangu parle quand il invoque Nzâmbi Ampungu Tulêndo en ces termes : « Venez ! Ô ! Dieu, Père Tout-Puissant ! Je vous appelle, ainsi que tous les anges de la guerre (*mbasi za mvita*), afin de conduire un combat contre ce monde des ténèbres (*nsi ya bûbu*) !

« Gare à ceux qui continuent à renforcer l'esclavagisme et la colonisation des peuples noirs ! Vous êtes un Dieu vivant. Je vous implore sans cesse (*Ngieti ku fiongonena*) au nom du sang versé de tous vos Envoyés et de leurs humiliations. Je vous le demande et je Vous le recommande, ô ! Dieu d'Amour (Kalunga) : venez avec Vos anges des cieux et de la terre pour détruire cette humanité des ténèbres

---

[76] *Le Chemin d'Hermès*, www.lescheminsdhermes.org.
[77] Dans l'imaginaire populaire, l'éclipse est perçue comme une lutte entre la lune et le soleil.

(*mahânza ma kibûbu*) qui continue à se moquer de Votre Amour majestueux ! »[78]

Peuples noirs d'Afrique et de la diaspora, êtes-vous prêts pour la lutte de votre libération finale du joug de l'obscurantisme ? C'est à cette tache que les prophètes *kôngo* de jadis et d'aujourd'hui vous appellent, car pour les esprits illuminés, le règne éphémère de la pensée lunaire touche déjà à sa fin.

---

[78] Kiatezua L.L. *la Religion kôngo*, Paris : l'Harmattan, 2010, p. 150.

10 EXODE DES BANTOUS

L'une des hypothèses que j'avance ici est que le grand mystère en Egypte était principalement l'affaire des Bantous, le mystère martial était le centre d'intérêt des tribus guerrières qui peuplent aujourd'hui l'ouest de l'Afrique, tandis que les tribus nilotiques excellaient essentiellement dans le mystère civil.

A mon hypothèse, les premières vagues des Egyptiens à se diriger vers la Terre Promise étaient des Bantous ; en d'autres termes les Bantous s'occupaient du mystère sacerdotal en Egypte. Cette affirmation est basée sur les faits suivants :

- Les tribus guerrières de l'ouest et les Nilotique sont les derniers à atteindre le Taneter, le cœur de l'Afrique, elles y étaient tous précédées par les Bantous. Or le cœur de l'Afrique était pour les Egyptiens la terre promise, c'est donc vers cette terre que les trois castes initiatiques du pays des pharaons convergeaient.

- Que les tribus guerrières de l'ouest de l'Afrique soient les dernières à avoir quitté l'Egypte, est affirmé par le fait que certaines de leurs langues ont gardés leur affinité avec celle d'Egypte, c'est le cas du wolof comme le démontre Cheik Anta Diop.[79]

- Il existe une similitude frappante entre les dessins des prêtres Egyptiens et les attitudes de Bakôngo. Massey en parle en ces termes : « En ce qui concerne les [Bakôngo], Bastian dit, « Quand ils parlent à un supérieur ils apparaissent comme le modèle des prêtres égyptiens quand ils dessinaient des représentations sur les murs des temples, si frappant est la ressemblance entre ce qui est peint là et ce qui advient en réalité ici. » Les esquissent originelles sont les leurs, les Egyptiens n'ont fait que finaliser les images. »[80]

- Nous avons vu que selon Rawlinson, les Egyptiens ne représentaient jamais l'Etre-suprême. Or Van Wing affirme la même attitude concernant les Bakôngo : ils ne représentaient jamais Nzâmbi Ampûngu Tulêndo.[81]

- L'héritage du grand mystère a permis aux Bantous, et principalement les Bakôngo, d'être le sol fertile d'où a poussé de grandes figures de la haute spiritualité négro-africaine, des

---

[79] Cf., Cheik Anta Diop, *Antériorité des civilisations nègres*, Présence africaine, Abidjan, 1972,
[80] Massey, *Book of the beginning*, www.masseiana.org.

[81] Van Wing, J., *Etudes Bakongo*, Léopoldville, 1938, p. 305.

prophètes puissants par leur élévation spirituelle et par leurs œuvres, des prophètes dignes de la haute tradition initiatique telle que représentée dans la Bible : Nsasukulu a N'kanda, Kodi Puanga, Tuti dia Tiya, Apollonia Mafuta, Kimpa Vita, Mbumba Philippe, Simon Kimbangu…

- Etant les détenteurs du grand mystère, les Bantous, spécialement les Bakôngo, ont su rétablir les trois mystères de l'initiation égyptienne ; ainsi trouve-t-on chez ces Négro-africains : le grand mystère représenté par le Kimpasi en tant qu'école des prophètes, le mystère martial vivant dans le Kinkimba, et le mystère civil enseigné dans le Lemba.

- A l'opposé des Bakongo, les ethnies de l'ouest de l'Afrique étant les détenteurs du mystère martial, ne pouvaient pas rétablir les trois mystères dans leur système; bien au contraire, suite à la prépondérance du mystère martial, le serpent qui est le symbole par excellence de la force martiale comme je l'ai démontré ci-haut, est finalement divinisé ; c'est ce qui explique la forme actuelle du Vaudou.

Une fois les Bantous sortis de l'Egypte, le pays était donc temporairement resté entre les mains du petit mystère, composé du mystère martial et du mystère civil.

11 L'EGYPTE DE LA BIBLE

Ici une question s'impose, si comme je le soutiens que la puissance de l'Egypte ancienne était dans son mystère divin, pourquoi la Bible montre-t-elle l'Egypte comme étant plutôt embourbée dans le mystère humain, si pas démoniaque, en face des prouesses de Moïse ?

L'histoire de l'exode des Hébreux de l'Egypte appelle à un peu de prudence dans son examen. Dans son livre intitulé *Moïse, l'Africain*, Nillon Pierre[82] explique que il y a une différence entre les Israelites et les Juifs. L'histoire biblique de l'exode est un syncrétisme dans lequel sont entremêlés deux récits : l'expulsion des Hébreux par le pharaon Ahmosis et non Ramsès comme l'anachronisme biblique l'affirme, et la fuite des Israelites sous le leadership de Moïse.

11.1 L'exode expulsion

On peut lire ceci dans la Bible : « Les Égyptiens pressaient le peuple, et avaient hâte de le renvoyer du pays, » (Exode 12 : 33). Ceci est le récit de l'expulsion des Hébreux (appelés Hyksos dans les annales des anciens Egyptiens) qui s'étaient emparé du pouvoir du pharaon et avec les ruses de Joseph ont réduit à

---

[82] Pierre, N., *Moïse, l'Africain*, Paris. Menaibuc 2001

l'esclavage les Egyptiens sur leur propre sol. Les Hébreux étaient finalement expulses de l'Egypte par la puissance du pharaon Ahmosis.

11.2 L'exode fuite

Le second exode est, selon Nillon Pierre, celui des Israelites. La Bible dit : « On annonça au roi d'Égypte que le peuple avait pris la fuite. » (Exode 14 : 5). Cet exode est le résultat de l'échec de la tentative de reforme d'Akhenaton. Suite à sa haine des prêtres d'Amon, ce pharaon était méprisé par son peuple. Il se retira dans sa nouvelle capital Akhetaton avec ses adeptes.

Malgré le secours des Hébreux (sous la promesse de la restitution à ces derniers de la ville d'Avaris), les adeptes d'Akhenaton et leurs alliés étaient obligés de fuir dans le désert sous le leadership d'un prêtre d'Osiris nommé Osarsiph qui sera connu sous le nom de Moïse.

Les Juifs sont issus des Hébreux, ce sont des Sémites, alors que les Israélites sont des Egyptiens. Les Hébreux ont adopté la langue et les divinités des Cananéens. Cette conclusion est illustrés par le fait qu'Abraham a payé la dime à Melchisedek un roi et sacrificateur Cananéen ; un acte qui montre clairement qu'Abraham avait adopté la religion du roi Egyptien (les Cananéens sont les frères des Egyptiens), ou il soutenait cette religion. L'archéologie moderne d'Israël démontre que jusqu'au troisième siècle avant l'ère chrétienne les Juifs adoraient des Dieux Egyptiens.

Ainsi la vraie interprétation de l'histoire de la Bible ne conduit pas à la conclusion de la faiblesse du mystère divin de l'Egypte ancienne, mais plutôt son adoption par les Hébreux.

12 LE NZALA MPÂNDA AU ZIMBABWE

Les historiens occidentaux furent pendant longtemps intrigués par les constructions en prières qu'ils trouvèrent sur les ruines de l'ancien royaume de Monomotapa. Selon leur expertise archéologique, ces monuments ne pouvaient être que l'œuvre des Egyptiens ou des gens qui ont puisé dans la haute science des académies initiatiques égyptiennes. Cependant, leur intelligence, refusait d'attribuer ces constructions aux Bantous, car cela prouverait leurs origines égyptiennes ; or, à leurs yeux, les Bantous n'étaient que des peuplades primitives. Ces historiens occidentaux n'ont jamais pu trouver où étaient partis leurs bâtisseurs égyptiens, car en réalité ceux-ci n'étaient autres que les Bantous venus du nord du continent noir.

Parlant de ces constructions, appelées par les autochtones *zimbabwes*, l'auteur de *l'Histoire générale de l'Afrique* écrit : « Il est vrai que le granit de cette région se débite de lui-même en blocs réguliers ; ces bâtisseurs ne furent donc pas des techniciens exceptionnels relevant d'une civilisation supérieure, comme l'ont rêvé les historiens ésotéristes. Il semble bien que ces peuples, les Chonas (peut-être d'origine bantoue), venaient eux aussi du nord. »[83]

---

[83] Dumont, J., *L'histoire générale de l'Afrique*, Paris, 1972, p.91.

Ainsi donc, après avoir quitté l'Egypte, les Bantous gardaient-ils encore dans une certaine mesure l'expertise qu'ils avaient développée sur les rivages du Nil, et c'est de cette expertise qu'ils se sont servis pour la construction de ces étonnants monuments en pierres.

Le second Nzala Mpânda a donc eu lieu au Zimbabwe. Ces citadelles de pierre qui ont étonné les explorateurs occidentaux sont donc l'une des empreintes indélébiles dont parle le mythe de Nzala Mpânda ; empreintes destinées à rappeler aux Négro-africains leur passé glorieux.

12.1 La dispersion des Bantous

L'étape de Zimbabwe ne constituait cependant pas la destination finale des Egyptiens. Car bientôt, le Nzala Mpânda étant parti pour la deuxième fois, les ethnies bantoues allaient se mettre en branle pour leurs destinations finales. Dans cette marche finale vers leurs terres actuelles, la clé du Nzala Mpânda allait finalement être amenée par les Bakôngo à l'endroit marqué par le destin, en attendant son usage futur, c'est-à-dire imminent, pour le réveil de la nation négro-africaine.

C'est ce qui a peut être amené Franz Fanon à affirmer que : « l'Afrique a la forme d'un revolver dont la gâchette se trouve au Congo. »[84] Mais quiconque observe très bien la carte géographique de l'Afrique se rend compte que la gâchette de ce fameux revolver se trouve précisément au Kôngo-centrale.[85] C'est donc de ce point géographique du continent que la lumière spirituelle va poindre pour s'étendre dans toute l'Afrique et vers la diaspora.

12.2 Le passage de Nzôndo et la perte du *sengele mbêle*

La dispersion des ethnies négro-africaines à partir du Zimbabwe peut être rapprochée à un autre mythe rependu dans le milieu du Lêmba et qui indique qu'elle a eu lieu suite au passage du Nzôndo et à la perte du *sengele mbêl*[86]*e*. Nzôndo est un personnage mythique qui n'a qu'un œil, une seule oreille, un seul bras et une seule jambe, c'est le cyclope négro-africain. Cependant, malgré son apparente incapacité, Nzôndo est très puissant et est capable de faire le tour du monde en un clin d'œil !

Fukiau écrit, dans son livre *le Mukôngo et le monde qui l'entourait*, au sujet du mythe de Nzôndo : « Nos ancêtres s'installèrent d'abord à Zimba et y

---

[84] Cité par le Président Mobutu Sese Seko dans son discours à l'ONU en 1973.

[85] La province congolaise du Bas-Congo.

[86] Sabre symbole d'autorité.

demeurèrent jusqu'au moment où à la suite du passage de Nzondo ils perdirent le "nsengele mbele" (sabre sans manche), signe du savoir, du travail, de la puissance, de l'autorité et de la dignité. Dès que la nouvelle de la perte du nsengele fut connue ils se dispersèrent, ou *« banwa maza ma nzenza »*. »[87] Cette dernière expression veut dire littéralement : « ils burent des eaux étrangères. »

Le Nzôndo dont parle ce mythe est une puissance mystérieuse dont le passage entraine un bouleversement de l'ordre dynamique de l'univers. Fukiau explique que : « Le passage de ce fabuleux personnage eut pour effet la régression matérielle, morale et intellectuelle des peuples. »[88]

Le mythe souligne que le passage de Nzôndo a eu lieu au Zimba, localité que Fukiau rapproche au Zimbabwe. C'est donc suite à ce passage de l'être mystérieux que les Bantous ont perdu le Sêngele Mbêle, symbole d'autorité scientifique et technologique, et cette perte a été le signe déclencheur de leur dispersion.

Cependant nous savons que la plus grande autorité dans la pensée solaire est celle que confère le

---

87 Fukiau, A., *le Mukongo et le monde qui l'entourait*, Kinshasa, 1969, p. 116.
88 Fukiau, ibidem, p. 116.

mystère divin ; ainsi la perte du *sengele mbele* au Zimbabwe n'est autre que la perte de la plus haute maitrise de la grande spiritualité facteur essentiel du pouvoir de la pensée solaire. Ceci implique aussi que le Nzala Mpânda était un facteur d'unité des masses négro-africaines, alors que la perte de l'autorité qu'elle confère ne pouvait qu'amener les troubles, la désolation et voire la dispersion.

12.3 L'hypothèse de Batshikama

A propos de ce mythe de Nzôndo, Batshikama donne une autre interprétation dans son livre *Voici les Jaga.*[89] Selon lui : l'apparition de Nzôndo est un fait historique. Nzôndo avait battit la ville de Zimba au Nord-est de la ville de Luozi [une ville *kôngo* de la République démocratique du Congo]. Cette ville s'étant ruinée à cause des troubles qui y avaient eu lieu suite à la perte du Sengele Mbêle. Ce sengele « était une « fille sans mari », c'est-à-dire, une vierge, qui, entrée dans la salle d'initiation (*wakota bukûmbi*), était mystérieusement disparue le jour où, sa formation terminée, elle devait en sortir ».

Pour ma part, je penche plutôt vers l'hypothèse de Fukiau : le Nzôndo est un personnage mythique qui

---

[89] Batshikama, R., *Voici les Jagas, Kinshasa*, 1971, pp. 213-214.

symbolise un changement dynamique dans l'univers. Au bénéfice de cette hypothèse de Fukiau, je peux avancer le fait que l'on retrouve ce même personnage mythique dans la culture du Kasaï-Occidental sous le nom de N'kuembe. Les Baluba de cette contrée de la République démocratique du Congo considèrent N'kuembe comme une force capable d'amener des grands changements dynamiques dans l'univers.

Il est donc logique de soutenir que les deux traditions bantoues concernant ce personnage mythique doivent être rattachées à un foyer commun de dispersion qui ne peut dans ce cas être situé qu'en amont de la création du Royaume Kôngo. Ceci doit être le cas surtout lorsqu'on sait que, en considérant la migration des ethnies bantoues à partir du Zimbabwe, la migration des peuples *luba* s'est faite directement du Zimbabwe à leurs emplacements actuels alors que les Bakôngo ont dû descendre jusqu'en Afrique australe avant de remonter par la côte ouest. Ainsi le foyer commun de dispersion auquel il faut attaché le mythe du Nzôndo ne peut être autre que le Zimba, donc le Zimbabwe.

12.4 La remise de fétiches à Mvûmbi Mbumbulu

J'ai démontré ci-haut que puisque des mythes similaires à celui de Nzala Mpânda se trouvent chez d'autres ethnies, ce mythe, en ce qui concerne les Bantous, se réfère à des événements qui ont eu lieu avant la création du Royaume Kôngo ; c'est-à-dire avant le Kôngo dia Tûku qui est le pays originel des Bakôngo. Cette similitude de mythes implique l'existence d'un point de départ qui en est le foyer de diffusion. C'est donc au Zimbabwe, le dernier foyer de dispersion des Bantous avant l'arrivée des Occidentaux, qu'il faut situer la remise de « *n'kisi* très puissants» à Mvûmbi Mbumbulu.

Il est plus plausible de situer la remise de fétiches puissants à Mvûmbi Mbumbulu au Zimbabwe car les Batonga, cet autre peuple qui fait mention du mythe similaire au mythe de Nzala Mpânda dans sa tradition, sont restés sur cette terre de la dispersion. Toujours conscient des prophéties leur laissé par leurs ancêtres engagés dans le mystère divin, les Bantous savaient qu'avec la perte du *sengele mbêle* viendrait l'étiage initiatique où il serait nécessaire à la population d'avoir un moyen de protection palliatif, en attendant le retour du Nzala Mpânda venant du ciel, c'est-à-dire par la révélation divine, et ce moyen palliatif ce sont les fétiches.

13 LE M'VUMBI MBUMBULU AU ROYAUME KONGO

J'ai montré ci-haut que parmi les Bantous, les Bakôngo ont su reproduire, mais surtout garder intact, les trois mystères (le Kimpasi –mystère sacerdotale au Sud, le Kinkimba –mystère martial à l'Ouest, et le Lêmba –mystère civil au nord). Voilà pourquoi ils ont la lourde tâche d'aider les autres Africains en rétablissant la pyramide tétraédrique de la spiritualité négro-africaine ; ils sont la gâchette du revolver de Franz Fanon que constitue l'Afrique.

Les Bakôngo constituent donc la quintessence de la caste des prêtres Egyptiens. Ce qui explique l'acharnement des forces des ténèbres contre leur royaume. Une chose est toutefois indiscutablement vraie : l'arrivée sur les côtes *kôngo* du navigateur portugais Diego Cao, au quinzième siècle, marqua le début de l'éclipse du M'vûmbi Mbumbulu chez les Bantous. Car, à partir de cet instant, toute la culture spirituelle de l'homme négro-africain allait recevoir, des envahisseurs venus d'outremer, le stigmate de la diabolisation.

En acceptant la foi chrétienne scholastique à l'arrivée des Occidentaux au 15e siècle, mais surtout en reniant la religion de ses ancêtres qu'il croyait être foncièrement différente des vrais enseignements bibliques, le roi Nzînga Nkuwu a sonné le glas de la fin de l'éclat de la pensée solaire ; éclat qui se voyait alors dans la prospérité de son royaume. Le Royaume

Kôngo allait vite sombrer dans un chaos indescriptible, et malgré le sursaut d'orgueil du roi M'vemb'a N'zinga (appelé aussi Vit'a N'kanga ou Antonio I), la fameuse guerre de Mbuila en 1665 allait mettre temporairement fin à tout espoir du retour à l'ordre ancestral : Cette histoire malheureuse du Royaume Kôngo marque le début du règne de l'éclipse dont parle le mythe de Nzala Mpânda.

La pénétration de l'Afrique noire par les explorateurs venus de l'Occident s'est faite d'abord par le Royaume Kôngo au 15e siècle. Cette pénétration était non seulement l'œuvre des expéditions marchandes, mais aussi de l'armada ecclésiastique qui leur facilitait la tâche par le biais de l'évangélisation. C'est donc par la nation *kôngo* que le christianisme romain pénétrera d'abord l'âme de l'homme négro-africain.

Ainsi, les conclusions tirées depuis le 15e siècle par les missionnaires deviendront-elles des paradigmes qui seront par la suite appliqués en Angola, au Mozambique et dans toute l'Afrique noire. Ces paradigmes, étendront dans toute l'Afrique, l'éclipse qui a commencé au Royaume Kôngo.

13.1 L'éclipse au Royaume Kôngo

Comme je l'ai souligné ci-haut l'escale de Zimbabwe n'était qu'une diversion destinée à aller cacher le grand mystère au cœur de l'Afrique, c'est-à-dire au bassin du Congo, car cette haute spiritualité est la clé de la future reprise du Nzala Mpânda. Cette décision de cacher le grand mystère était dictée par les prophéties qui avaient déjà été annoncées depuis Thot jusqu'à Simon Kimbangu concernant la lutte future entre la lumière et les ténèbres, entre la pensée lunaire et la pensée solaire.

C'est cette même logique de conflit qui s'affirme lorsque le professeur Margaret Washington explique, en parlant de la première expédition portugaise au Kôngo que : « Les explorateurs portugais de l'Ordre du Christ (une branche de la franc-maçonnerie) étaient en possession d'un miroir a travers lequel ils ont découvert la plupart des terres. Donc comme les rois mages découvrirent la naissance du Christ par une étoile, c'est aussi de la même manière que les explorateurs portugais découvrirent le royaume Kongo sur lequel brillait une très grande étoile. »[90]

La mission voilée du navigateur portugais aurait-elle en réalité été de venir étouffer dans l'œuf les circonstances qui devaient amener le troisième Nzala Mpânda ? En tous cas les événements malheureux qui ont suivi l'arrivée des portugais au Royaume Kôngo : destruction du royaume, l'esclavage qui a privé le royaume de ses têtes vaillantes, la méchanceté, voir la bestialité de la colonisation du Congo et de l'Angola, la ténacité des puissances

---

[90] Margaret, M., *Le Legs universel de Kimpa Vita aux peuples noirs*, http:/ /pbs.org/wgbh/aia/part1/1i3077.

modernes à balkaniser la République démocratique du Congo, etc., tous ces événements ne laissent aucune ombre de doute sur des intentions malveillantes des Occidentaux vis-à-vis d'une civilisation dont ils sont conscients de l'éveil redoutable et imminent.

La conséquence logique de l'éclipse, la lutte entre la pensée lunaire et la pensée solaire, est l'abandon par l'homme noir de sa haute spiritualité et de son épistémologie et l'emprise exercée sur lui par la matérialité du système occidental. Le prophète Simon Kimbangu parlant du paroxysme de cet aveuglement chez les Bakôngo a affirmé dans son sermon fait dans la forêt de Mbanza Nsânda que : « La génération du Kôngo perdra tout. Elle sera embrouillée par des enseignements et des principes moraux pervers du monde européen (*mavânga ma Besimputu*). Elle ne saura plus les principes maritaux de ses ancêtres. Elle ignorera sa langue maternelle. »[91]

Il est important que les Négro-africains se rappellent toujours que l'éclipse est habituellement d'une durée éphémère. Le matérialisme aveuglant de l'Occident a atteint son paroxysme. Ce matérialisme a développé au sein de la société occidentale les germes de son autodestruction : une immoralité

---

[91] Kiatezua Lubanzadio Luyaluka, *la Religion kôngo*, Paris : l'Harmattan, 2010, p. 149.

galopante, la dégradation de valeurs spirituelles, des positions éthiques désastreuses qui font de sa science un instrument démentiel…

La nuit la plus noire précède toujours l'aube. Le moment est donc venu pour que les Noirs d'Afrique et de la diaspora se préparent pour la fin de leur enténèbrement. Il est donc temps pour nous d'amorcer notre retour vers l'épistémologie solaire qui a fait notre gloire pendant les deux Nzala Mpânda. C'est le moment pour nous de commencer à célébrer le début de l'avènement de la pensée solaire en ce troisième millénaire.

14 LE PROCHAIN NZALA MPÂNDA

Le retour imminent du Nzala Mpânda est une conviction qui habite les cœurs des grands initiés négro-africains. Car ils savent tous que finalement Nzala Mpânda n'étaient pas mort, il s'était seulement éclipsé en allant chez les ancêtres. C'est donc de la demeure sacrée des ancêtres aussi qu'il va bientôt revenir marquer l'humanité par des révélations spirituelles qui amèneront l'élévation de la civilisation négro-africaine, et le retour de sa communauté scientifique aux bases épistémologiques qui ont fait sa gloire d'antan.

14.1 Destinée de fétiches

On ne peut pas s'attacher à ce qui est palliatif et temporaire et en même temps développer le summum du vrai pouvoir initiatique que confère le mystère divin, le summum de la science solaire et de la technologie qui en découle. Les grands initiés *kôngo* étaient conscients de cette vérité ; ils étaient persuadés que la destinée de fétiches était inscrite dans un plan de leur abandon, pour une préparation efficace de la venue du second prochain Nzala Mpânda.

Cette conviction pouvait bien se lire à l'action des grandes figures spirituelles de la nation *kôngo* qui sont apparues depuis le début de l'éclipse annoncée par le mythe de Nzala Mpânda : Apollonia Mafuta, Kimpa Vita, Simon Kimbangu, etc. Tous ces prophètes *kôngo* ont tous travaillé à convaincre leurs frères de races à abandonner les fétiches et la sorcellerie, deux grandes entraves à l'exercice du pouvoir que confère le mystère divin.

14.2 Imminence du prochain Nzala Mpânda

L'imminence du prochain Nzala Mpânda peut être déduite du fait que la « nuit » du Mvûmbi Mbumbulu est le produit d'un phénomène passager, phénomène qui ne dure que la fraction de la longueur d'une journée.

De tous les initiés de notre époque, Simon Kimbangu est plus explicite en ce qui concerne la conviction de l'arrivée imminente du Nzala Mpânda. Alors que rien ne laissait encore présager la fin de la colonisation en Afrique, ce prophète *kôngo* annonçait déjà en 1921 que les Blancs s'en iront, laissant l'Afrique entre les mains des dirigeants noirs, qui malheureusement au début travailleront tous au bénéfice de l'Occident.

Simon Kimbangu ne se limitait pas seulement à affirmer les indépendances futures des nations africaines, mais il prédisait aussi l'avènement prochain de la suprématie de la pensée solaire, l'avènement du Nzala Mpânda, en ces termes qui révoltèrent la puissance coloniale du Congo-belge : « L'homme noir deviendra blanc et l'homme blanc deviendra noir." [92]

Dans l'interprétation de cette prophétie, les disciples modernes du grand prophète *kôngo* sont unanimes, il ne s'agira pas d'une transmutation de race, mais plutôt d'un revirement épistémologique qui marquera la fin de l'éclipse dont parle le mythe. Cette éclipse n'est autre que la marque de la société négro-africaine actuelle empêtrée dans un rationalisme empirico-matérialiste qui ne cadre pas du tout avec notre identité profonde. Que l'homme noir deviendra blanc implique donc, dans leurs relations mutuelles, un transfert de la superpuissance commencera à se produire bientôt de l'Occidental vers l'Africain !

---

[92] Kiatezua Lubanzadio Luyaluka, *la Religion kôngo*, Paris : l'Harmattan, 2010, p. 147.

15 CONCLUSION

Un sage avait un jour affirmé à un jeune artiste congolais que les mythes sont des faits qui à force d'être racontés ce sont transformés. L'un des mythes *kôngo* qui jusqu'à ce jour étaient demeuré un casse-tête pour toute tentative d'herméneutique est le mythe de Nzala Mpânda ; ce mythe est donc resté inexpliqué tant par la tradition que par les anthropologues et les naturalistes.

Dans le présent ouvrage, grâce à une analyse ethnolinguistique, j'ai donné aux lecteurs une interprétation de ce mythe qui montre que celui-ci est un enseignement profond laissé aux Négro-africains d'aujourd'hui par leurs ancêtres pour les aider à comprendre les origines et la destinée de fétiches dans leur culture.

Ce mythe montre à l'homme négro-africain qu'à l'origine les fétiches, ou les *min'kisi* humains, sont un moyen utilisé par les initiés africains du mystère divin pour la transmission de leur pouvoir par la simple foi en la matière et dans les ancêtres, comme forces palliatives et temporaires devant servir en leur absence.

Ce mythe nous enseigne que la civilisation négro-africaine a connu dans le passé deux âges d'or où, grâce à la haute spiritualité, la science négro-africaine a hissé sa technologie au plus haut point ; l'homme noir était arrivé à cet exploit en se basant sur l'épistémologie solaire, une approche philosophique qui lui est appropriée.

Partant de cette interprétation et de l'hypothèse d'une origine égyptienne des Bantous, j'ai soutenu l'hypothèse selon laquelle le premier apogée de la pensée solaire à eu lieu en Egypte, il a était suivi par l'exode des Bantous vers le centre de l'Afrique, considéré par les anciens Egyptiens comme leur « terre sainte ». Cet exode est aussi celui du grand mystère égyptien.

Le second apogée de la civilisation négro-africaine dont fait allusion ce mythe a eu lieu au Zimbabwe. C'est à la fin de ce deuxième apogée que les fétiches seront introduits par les initiés bantous dans leur système, car ceux-ci étaient bien au courant des prophéties concernant l'hibernation future de leur civilisation ; hibernation pendant laquelle la pensée lunaire occidentale, allait dominer pour un temps la pensée solaire.

Le mythe de Nzala Mpânda nous apprend donc que le règne de la pensée lunaire est éphémère et que l'homme négro-africain doit se préparer au revirement épistémologique imminent qui amènera la suprématie de sa civilisation sur le plan scientifique et technologique. Et dans l'optique de cet avènement, la destinée de fétiches s'inscrit dans la nécessité de leur abandon au profit de la haute spiritualité qui a fait la gloire de la civilisation négro-africaine en Egypte et au Zimbabwe.

16 BIBLIOGRAPHIE

1. Bahelele Ndimisa, Lusansu ye fu bien nkongo, Kinshasa : CEDI, 1977.
2. Batshikama ba Mampuya ma Ndwala, R., Voici les Jagas, Kinshasa, 1971.
3. Bentley, H., Dictionary and grammar of the kôngo language.
4. Cheik Anta Diop, Antériorité des civilisations nègres, Présence africaine, Abidjan, 1972.
5. Dumont, J., L'histoire générale de l'Afrique, Paris, 1972.
6. Dumont, J., L'histoire générale de l'Afrique, Paris, 1972.
7. Fukiau, A., le Mukongo et le monde qui l'entourait, Kinshasa, 1969.
8. Hérodote, An account of Egypt, www.gutenberg.org.
9. Janzen : Lemba, 1650-1930, New York : Garland Publishing inc.
10. Kimfoko Madoungou, J., le Guide du musée, Pointe-Noire, 1985.
11. Kimpianga Mahaniah, la Problématique crocodilienne à Luozi, Kinshasa, 1989.
12. Laman, K., Dictionnaire kikongo-français.
13. Lusala lu Ne Nkuka, « les Traces de dieu dans les cultures » in Congo nova, http://www.congonova.org.
14. Mackenzie, D., Egyptian Myth and Legend, www.sacred-texts.com.
15. Maspero, History of Egypt Chaldea, Syria, Babylonia, and Assyria, www.gutenberg.org.
16. Massey, Ancient Egypt the light of the world, www.masseiana.org.
17. Massey, Book of the begining, www.masseiana.org.

18. Mvog Ekang, Cameroun – religion traditionnelle, www.facebook.com/topic.php?uid=3295614338658&topic=15405.
19. Pierre, N., Moïse, l'Africain, Paris. Menaibuc 2001
20. Rawlinson, G., Ancient Egypt, www.gutenberg.org.
21. Schuré, E., les Grands initiés, Perrin, Paris, 1970.
22. Van Wing, J., Etudes Bakongo, Léopoldville, 1938.
23. Washington, M., Le Legs universel de Kimpa Vita aux peuples noirs, http /pbs.org/wgbh/aia/part1/1i3077.
24. Webster, H., la Magie dans les sociétés primitives, Paris : Payot, 1952.

TABLE DES MATIERES

CE QU'EST L'INSTITUT DES SCIENCES ANIMIQUES

L'ISA est un centre de recherches en spiritualité et philosophie afrocentriques créé par Dr Kiatezua L. Luyaluka (Ph.D. Honours en Théologie). L'ISA vise à comprendre :

- La vraie et la haute spiritualité afrocentrique, ses origines égyptiennes et sa convergence avec le Christianisme.

- La nécessité et la pertinence de l'épistémologie afrocentrique pour le progrès scientifique, technologique, culturel et politique de l'homme noir.

- L'efficacité de la lutte contre la sorcellerie.

Dr Kiatezua partage son expérience en métaphysique divine accumulée depuis 34 ans en donnant des **séminaires sur la spiritualité et la lutte contre la sorcellerie**. Pour en savoir plus visitez notre blog :

www.animiques.wordpress.com

Nos contacts :

E-mail: isa.ongd@yahoo.fr
Tél. : 00243999935562
00242053214614

A LIRE : PENSÉES KÉMÉTIQUES

Journal trimestriel de la spiritualité afrocentrique, **Pensées Kémétiques** présente la religion négro-africaine en exposant sa haute théologie et sa portée pratique. Ce journal de l'ISA montre aussi à l'homme négro-africain la nécessité d'une révolution épistémologique qui doit amener la suprématie de la pensée solaire sur la pensée lunaire occidentale.

DU MEME AUTEUR

Parus aux Editions l'Harmattan, Paris :

1. **Vaincre la sorcellerie en Afrique**, 2009. *Ce livre approfondit, sous l'angle anthropologique, la problématique de la lutte contre la sorcellerie.*

2. **La Religion kôngo**, 2010. *Ce livre expose la théologie kôngo, ses origines égyptiennes et sa convergence avec la religion chrétienne et l'égyptienne.*

3. **L'Inefficacité de l'Eglise face à la sorcellerie africaine**, *2010. Ce livre approfondit, sous l'angle théologique, la problématique exposée dans Vaincre la sorcellerie en Afrique.*

Parus aux Editions ISA, Kinshasa :

4. **Kindoki : un mystère négro-africain élucidé**, 2000, *paru sous le pseudonyme de Ne Kiana Mazamba.*

5. **La spiritualité afrocentrique**, 2012, *une exposition de la spiritualité négro-africaine pratique et efficace.*

6. **Sorcellerie et développement en milieu négro-africain**, *2012, une démonstration de la nécessité et de la possibilité d'une lutte efficace contre la sorcellerie comme préalable au développement de l'Afrique.*

7. **L'Enigme de la résurrection de Jésus**, 2012, *ce livre recadre la résurrection de Jésus dans son vrai contexte qui est loin du discours théologique scolastique.*

8. **Les Bases épistémologiques du savoir négro-africain**, *2012, la pensée négro-africaine repose sur des bases plus scientifiques que la pensée occidentale d'où sa nécessité pour le vrai progrès du Négro-africain.*

All these books are available on www.amazon.com.
*Realized by **Ntangu-i-Fueni**, 2012.*